Psychologische Personalentwicklung kompakt

Dieses Buch ist all den Unternehmern, Führungskräften und Arbeitnehmern gewidmet, die die Herausforderungen der Zukunft mit Mut, Kreativität und dem Sinn für Gemeinschaft eigenverantwortlich gestalten.

Dr. Erik Müller-Schoppen - Babette Reek

Psychologische Personalentwicklung kompakt
Meilensteine der Organisationsentwicklung

Bibliografische Information der Deutschen Nationalbibliothek:
Die Deutsche Nationalbibliothek verzeichnet diese Publikation in der Deutschen Nationalbibliografie; detaillierte bibliografische Daten sind im Internet über http://dnb.dnb.de abrufbar.

© 2014 Dr. Erik Müller-Schoppen & Babette Reek

Illustration & Layout: bilwissedition.com

Herstellung und Verlag: BoD – Books on Demand, Norderstedt

ISBN: 978-3-7357-5689-3

Inhalt

Geleitwort 9
   Statt eine Vorwortes - Eine Übersicht 11

Teil 1 Personalentwicklung in der OE 13
   Übersicht 13
   Der Unternehmensberater einer HR- Consulting als Mittler,
   Berater und Coach 14
   Im Focus der Beratung 14
Human Key Competencies (HKC) / Schlüsselkompetenzen 15
   Der Mensch als „Human Capital" 15
   Das Menschenbild der Human Key Competencies /
   Schlüsselkompetenzen 16
   Was sind diese Schlüsselkompetenzen? 17
   Global-Governance-Competency 19
Die Praxis und Vorgehensweise 21
   Eine Beispielagenda für ein Führungskräftetraining 21
   Am Anfang steht eine Einladung! 22
   Die Jahres-Agenda 23
   Führungskräfteentwicklung - Beispiele für Trainingsthemen des
   2ten Beratungsjahres 29
      1.   Selbstmanagement und Arbeitstechniken 29
      2.   Problemlösekompetenz & Entscheidungs-bereitschaft .. 30
      3.   Offenheit und Ideenreichtum 30
      4.   Unternehmerisches Denken 31
      5.   Überzeugungskraft 32
      6.   Kooperationsverhalten 32
      7.   Konfliktverhalten 33
      8.   Leistungsorientierung 34
      9.   Verantwortungsbereitschaft und Vertrauen 34
      10. Ausdauer und Belastbarkeit 35
      11. Flexibilität 35
      12. Serviceorientierung 36
      13. Delegation und Zielvereinbarung 36
      14. Mitarbeiterentwicklung 36

Teil 2 Systemische Elemente der OE 39
Unternehmenskultur 39
- Warum Unternehmenskultur wichtig ist! 39
- Die Kultur zeigt sich im Informellen 41
- Unternehmenskultur als Wettbewerbsvorteil 43
- Was ist das „berüchtigte" Alleinstellungsmerkmal? 43
- Vorteile der gemeinsam getragenen Unternehmenskultur 44
- Zum Begriff Corporate Behavior 46
- Was ist Unternehmenskultur? 48
  - Die 1. Ebene: Das Unternehmen und seine Produkte 48
  - Die 2. Ebene: Öffentlich propagierte Werte 49
  - Die 3. Ebene: Unausgesprochene gemeinsame Annahmen 49
  - Mittel: Struktur, Systeme, Prozesse 51
  - Die Integration des menschlichen Faktors - Gemeinsame Sprache und Konzepte 52
  - Autorität und Beziehung 52
  - Belohnung und Status 53
- Tiefere Annahmen der Unternehmenskultur 53
  - Das Verhältnis Mensch und Natur 54
  - Das Wesen des Menschen 54
  - Unterschiedliche Überzeugungen über die menschlichen Beziehungen, die Kulturen unterscheiden 56
  - Annahmen über Realität und Wahrheit 56
  - Annahmen über Zeit und Raum 56
- Kann man die Kultur einer Organisation messbar machen? 57
- Resümee 58

Selbstmanagement – Was bedeutet das? 58
- Zeitmanagement und Selbstmanagement 59

Coaching der vierten Generation 60
- Coaching versus Seminar 61
  - Seminare 61
  - Coaching 61
- Coaching oder Seminar? - Coaching und Seminar! 63
- Coaching - ein Resümee 63
  - Klärung von persönlichen Fragestellungen 64
  - Konflikte zwischen Mitarbeitern 64
- Führungs- und Leitungsprobleme aus der Sicht der Mitarbeiter und aus der Sicht der Vorgesetzten 64
- Eine Beziehungsmanagement - Strategie 65

Das Phänomen der Führung 67

Führung und Coaching 72
Exkurs: Definition von Führung 73
    Führung durch erfolgreiche Weiterbildung und Coachings 74
Führung: „zu straff" zu „lax"? 75
    Führung oder das „primus inter pares" – Modell 76
    Situatives Führen, Führung und Führungskompetenz 77
    Führungskompetenz.. 77
    Transaktionale und Transformationale Führung........................ 81
    Situatives Führen.. 82
    Autoritärer bzw. hierarchischer Führungsstil............................. 82
    Demokratischer oder auch Kooperativer Führungsstil 83
    Laissez-faire-Führungsstil 84
    Grundlagen der Theorie des situativen Führens 85
    Situatives Führen nach Hersey und Blanchard........................... 85
Literatur 89

Teil 3 Forbildungsangebote PE a la Couleur 91
Kommunikationstrainer & Coach 91
Psychologisch-systemischer Individualcoach 92
Trainer für Work-Life-Balance 93
Psychologie der Rhetorik 95
Psychologischer Trainer & Coach 96
Geschwister- und Familien- konstellation 98
Zeitmanagement & Selbstmanagement... 98
Erfolgreiche Moderationen & Mitarbeiterbesprechungen 101
Achtsamkeits- und Coaching Seminar 103
Teambuilding und Teamarbeit 105
Fachausbildung zum Supervisor 106
Psychologische/r Prozess- ManagerIn & ManagementCoach 107
Ausbildung zum Business Health Coach 110
Ausbildung zum Business Health Coach Ausbilder 113
Stressmanagement Seminar Gelassen und sicher trotz Stress....... 117
VerkaufsCoach 118
Kreativitätstechniken... 120
Geschwisterkonstellation, Lebensleitlinien und Erfolg................. 122
Coaching für's Leben - Lebensbalance - und Lebensglück 122
Diversity-&MediationsCoach 124
Sozialisations- & Familiencoach... 126
Für die Frau im Führungsalltag 127
Seminar: Führende Frauen 128

Multi-& Interkulturelles Training 129
Multi-& Interkulturelles Coaching 131
Ausbildung zum multikulturellen Coach 132
Interkulturelles Coaching für ausländische MitarbeiterInnen 133
Coaching für Auslandsrückkehrer 134
Coaching 134

Teil 4 Betriebliches Gesundheitsförderungs-Programm - BGF 137
Die zentrale Frage lautet: Was hält den Menschen gesund? 137
    Familie und Beruf & Work-Life-Balance 138
    Methode BGF 139
    Zielrichtung Nutzen BGF 140
    Betriebliches Gesundheitsmanagement 141
Kurzfristige Maßnahmen BGF 141
    1. Trainings BGF 141
        Thema 1 – Training Prävention Beanspruchung & Belastung 141
        Thema 2 – Training Gesunde Kommunikation 142
        Thema 3 – Training Gesunde Motivation 143
        Thema 4 – Training Gesundes Lebensmanagement 144
        Thema 5 – Training Gesundes Konfliktmanagement 145
        Thema 6 – Training Gesunde Führungsstile 145
    2. Ausbildung von Mitarbeitern zum Business Health Coach 146

Leserservice 149

GELEITWORT

Die Begriffsvielfalt sagt schon alles: Organisationsentwicklung (OE)- Organization development (OD) - Human Resources (HR)- Human Key Competencies (HKC) - Human Development - Organisational Behavior - Human Capital (HC) - Human Assets usw.

Human Resources (Im Gegensatz zum englischen resources schreibt sich das aus dem Französischen abgeleitete, zumeist im Plural verwendete deutsche Fremdwort Ressource bzw. Ressourcen mit zwei "S", Ausnahme ist der aus dem Englischen übernommene Ausdruck), ist fast ein Klassiker geworden.
„Human Resources" umfassen die Fähigkeiten, Fertigkeiten, Wissen, Erfahrung, Motivation und Innovationsfähigkeit der Mitarbeiter. Ebenso sind die Personalprozesse, das heißt alle Vorgänge zur Beschaffung, Entwicklung, Einsatz und Freisetzung der Mitarbeiter im Fokus. Aber auch die Personalstrukturen, das heißt sowohl Aufbau und Organisation des Personalbereichs als auch die aus dem Personalmanagement resultierende Mitarbeiterstruktur können auf dem Feld der Human Resources gesehen werden
Organizational Behavior erforscht wie Menschen sich als Individuen, in Gruppen und in ganzen Organisationen aufgrund ihres Wahrnehmens, Denkens und Fühlens verhalten und von Organisationen in ihrem Verhalten beeinflusst werden.
Organisational Behavior wird immer wichtiger in der globalen Wirtschaft, da Menschen mit unterschiedlicher Herkunft und kultureller Werte zusammenarbeiten müssen, effektiv und effizient. In den letzten 30 Jahren hat sich der Begriff geweitet und entwickelt: Menschenkenntnis wurde ein interessantes Prisma für das Verständnis von Unternehmen als Gemeinschaften.

GELEITWORT

Durch die Einführung von Konzepten wie Unternehmenskultur, "organisatorische Rituale" und "symbolische Handlungen" ermöglichen sich neue Wege, um Organisationen wie Gemeinschaften zu verstehen. Führungsverständnis zeigt die entscheidende Rolle der Führung auf verschiedenen Ebenen einer Organisation im Prozess des Change Managements.
Ziel der Organisationsentwicklung (OE) ist Beziehungen, Verhalten und Einstellung gegenüber dem Individuum, der Arbeitsgruppe, anderen Arbeitsgruppen und der Organisation als Ganzem in den Blick zu nehmen. OE ist letztlich eine Interventionsstrategie, welche gruppendynamische Prozesse verwendet, die sich auf die Organisationskultur konzentriert, um geplante Veränderungen zu erzeugen.

Organisationsentwicklung ist ein breit angelegter, andauernder, mittel- bis langfristiger Ansatz, der auf Erkenntnissen und Methoden der Verhaltenswissenschaften beruht, im Wesentlichen prozessorientiert ist, eine Moderation erfordert und partizipativ ist. Im Zentrum der Arbeit stehen zwischenmenschliche Kommunikations- und Verhaltensmuster sowie die in der Organisation herrschenden Prinzipien, Normen, Werte, die die Unternehmenskultur bestimmen.

Ethik und ihre Bedeutung als Eckpfeiler einer Vision und eine der wichtigsten treibenden Kräfte in einer Organisation gewinnt ihren Stellenwert zurück. Dieses Buch beleuchtet diese Bausteine der Organisationsentwicklung im Sinne der Human Resources nach dem KISS-Prinzip, Keep it short and simple („Gestalte es kurz und einfach").

STATT EINES VORWORTES - EINE ÜBERSICHT

Teil 1 gibt - ohne die üblichen Floskeln und Anglizismen der Selbstdarsteller im Bildungsgewerbe - eine konzentrierte Darstellung der Idee der Personalentwicklung in der Organisationsentwicklung, der Philosophie und dem Nutzen für Sie als Leser und Nutzer der Personalentwicklung im Rahmen der Organisationsentwicklung. Dann schließt sich eine Darstellung der Praxis der Organisationsentwicklung mit dem Spezialgebiet Human Resources an. Eine detaillierte Beispielagenda für ein Führungskräftetraining gibt für einen Beratungszeitraum von zwei Jahren eine plastische Einführung in die Praxis.

Teil 2 dieser Organisationsentwicklungsfibel "HR" ist ein Lesebuch für Interessierte. Hier können Sie viel über die Themen Coaching, Führung, Verantwortung, Unternehmenskultur und Erfolg lesen.

In Teil 3 stehen Seminare, Workshops, Vorträge im Mittelpunkt. Von der Ausbildung zum Coach bis zum Managementtrainer, vom Teambuilding-Seminar bis Coaching ist alles, was Menschen im wahrsten Sinne des Wortes bildet und entwickelt, dabei.

Teil 4 ist dem Thema „Betriebliche Gesundheitsförderung (BGF)" gewidmet - es ist wahrscheinlich das Thema des dritten Jahrtausends.

Teil 1 PERSONALENTWICKLUNG IN DER OE

PERSONALENTWICKLUNG IN DER UNTERNEHMENSBERATUNG UND ORGANISATIONSENTWICKLUNG

ÜBERSICHT

Organisationsentwicklung im Rahmen der HR-Consulting ist eine psychologische Unternehmensberatung für gezielte und individuelle Unternehmensförderung und Personalentwicklung. Das Resultat, nämlich das betreute Unternehmen mit seiner Organisationskultur, die jeweiligen Team-Mitarbeiter und die Führung stehen im Mittelpunkt der Beratung.

Ein Unternehmen kann nur in seiner Gesamtheit langfristigen Erfolg erzielen bei gleichzeitiger Steigerung der Gewinn- und Umsatzzahlen.
Die ausschließliche Beachtung der betriebswirtschaftlichen Seite ist einseitig und oft schwer durchzuführen, wenn nicht die menschlichen Gesichtspunkte wie beispielsweise Engagement, Stolz, Ängste, Erfolge, Neid und weitere beachtet werden.
Es genügt nicht, die Mitarbeiter „von oben" auf die neu definierten Erfolgszahlen zu bringen. Vielmehr sind ganzheitliche Ansätze notwendig, um als Organisationsentwickler, Personalentwickler und Unternehmensberater/in HR Erfolg in der jeweiligen Beratung zu erreichen.

Der Unternehmensberater einer HR- Consulting als Mittler, Berater und Coach

Die Konsequenz als Unternehmensberater HR mit der psychologischen Zusatzqualifikation liegt in der Besetzung weiterer Beratungsbereiche und Felder, die zuvor nicht bzw. nur ungenügend beachtet wurden.

Das Leistungsangebot umfasst die Suche und Auswahl und das Coaching von Führungskräften, die Weiterbildung der Führungskräfte und Mitarbeiter der ersten und zweiten Führungsebene sowie eine umfassende Personalmanagement-Beratung.

Die Berater verfügen über systemische und systematische Einsicht in psychologische Verhaltensmuster und – normen, um Ihnen vernünftige Maßnahmen darstellen zu können.

Im Focus der Beratung

- Teamführung
- Psychologische Beratung
- Maßnahmen vor, in und nach einer Beratung
- Kundenbindungsmaßnahmen
- Gruppendynamische Prozesse in Hierarchien
- Interferenzen zwischen beruflichen und privaten Lebensführungszielen der Mitarbeiter
- Kommunikationsstrukturen- und -prozesse zwischen Mitarbeitern und Abteilungen
- Die Erstellung individueller Leistungsprofile
- Die Unterstützung von Identifikationsprozessen mit der Firmenphilosophie
- Das Individual - Coaching
- Personalberatung und Entwicklung

- Seminare zur Persönlichkeitsentwicklung
- Karriereberatung
- Krisenmanagement und Mediation
- Führungstraining
- Werbe- und Marketing-Psychologie
- Stressbewältigung
- Outplacement-Beratung
- Burn-out-Syndrom-Beratung
- Unternehmenskultur

HUMAN KEY COMPETENCIES (HKC) / SCHLÜSSELKOMPETENZEN

Warum der Begriff Human Key Competencies (HKC) / Schlüsselkompetenzen besser zutrifft - Oder: Wie eine Begriffsvielfalt entstand

DER MENSCH ALS „HUMAN CAPITAL"

Der fragwürdige Begriff Human Capital bezeichnet in den Wirtschaftswissenschaften personengebundene Wissensbestandteile in den Köpfen der Mitarbeiter. Dass es bei einem Begriff wie Kapital eindeutig um Investitionen geht, und der Mensch auf ein Wirtschaftsgut reduziert wird, ist offensichtlich und ethisch wie auch unternehmerisch ausgesprochen fragwürdig.

In der betriebswirtschaftlichen Faktorenlehre nach Erich Gutenberg wird sogar von einem Produktions-Faktor physisches Kapital geredet. Dass es der Begriff Humankapital im Jahr 2004 im Ranking zum Unwort des Jahres schaffte, spricht für sich.

Anstoß genommen haben ebenso Begriffe wie Humanressources, da sie zweifellos nach Abbau eines begrenzten Rohstoffes klingen. Nicht viel besser geht es dem Beobachter mit dem Begriff Human-Vermögen, der zweifellos bedingungsloses Kontrollieren eines Vermögensgegenstandes assoziieren lässt.

Die unreflektierte Begriffsinflation der Nutzung von Begriffen wie Humanvermögen, Human-Ressourcen, Humanpotenzial, und die englischen Begriffe wie human capital, human resoures, human assets verwirren die Sachlage zusätzlich.

Sicherlich scheint es auf Seiten eines Unternehmens auf den ersten Blick von Vorteil, das Wissen von Mitarbeitern als Kapital zu betrachten, dabei vergisst es jedoch, wie sich die Behandelten selbst definieren – meist eben doch als vollständige Menschen, die auch als solche wahrgenommen werden wollen. In Zeiten von Fachkräftemangel und der kommenden Generation-Y tun sich Organisationen selbst keinen Gefallen, ihre Mitarbeiter auf eine Ware zu reduzieren, denn diese „Ware" kann zunehmend selbst bestimmen, wem sie ihr „Human Capital" zur Verfügung stellt.

Das Menschenbild der Human Key Competencies / Schlüsselkompetenzen

In unserem Sinne sind Mitarbeiter nicht reine Produktionsfaktoren oder Kostenfaktoren. Der von uns gewählte Begriff Schlüssel-Kompetenzen beinhaltet das Bemühen um die Leistungsbereitschaft und die Fähigkeiten und Fertigkeiten der Mitarbeiter, diese mit allen Mitteln und Bemühungen zu entwickeln und zu stärken.

Diese zwischenmenschlichen, immateriellen Werte - wie beispielsweise Kommunikationskompetenz oder Sozialkompetenz - sind als Hauptfaktoren des betrieblichen Erfolges schon lange identifiziert.

Bei den Schlüsselkompetenzen geht es um wesentliche, unverzichtbare Fähigkeiten und Fertigkeiten, um das Wissen, die Erfahrungen, Motivation und Innovationsfähigkeit der Mitarbeiter, um deren Gesundheit und um deren körperliche und geistige Leistungsfähigkeit.

Es geht um die Entwicklung und den Einsatz der Mitarbeiter und damit verbunden ebenso auch weitere Personalprozesse wie die Beschaffung oder die Freisetzung von Mitarbeitern.

WAS SIND DIESE SCHLÜSSELKOMPETENZEN?

Nach der Definition der Bildungskommission des Landes NRW aus dem Jahre 1995 sind Schlüsselkompetenzen - dort noch Schlüsselqualifikationen genannt - der Erwerb allgemeiner Fähigkeiten, Einstellungen und Wissenselemente, die bei der Lösung von Problemen und beim Er-werb neuer Kompetenzen von nutzen sind.

Das europäische Parlament hat acht Schlüsselkompetenzen zusammengefasst:
1. Lernkompetenz – Lernen lernen
2. Eigeninitiative und unternehmerische Kompetenz
3. Computer-Kompetenz
4. Mathematische Kompetenz und grundlegende naturwissenschaftliche-technische Kompetenz
5. Muttersprachliche Kompetenz
6. Fremdsprachliche Kompetenz
7. Kultur-Bewusstsein und kulturelle Ausdrucksfähigkeit
8. Soziale Kompetenz und Bürgerkompetenz.

Die Frage war und ist, welche Schlüsselkompetenzen in einer Wissensgesellschaft für Beschäftigungsfähigkeit, persönliche Entfaltung, aktive Bürgerschaft und sozialen Zusammenhalt nötig sind.
In diesem Zusammenhang lassen sich die Schlüsselkompetenzen als Fähigkeiten einer Person in fünf Kompetenzbereichen zusammenfassen:

- **Sozialkompetenz** – Das sind Kenntnisse, Fertigkeiten und Fähigkeiten, die eine Person dazu befähigen, in Beziehungen zu anderen situationsadäquat zu handeln.
- **Methodenkompetenz** - Das sind Kenntnisse, Fertigkeiten und Fähigkeiten, die es einer Person ermöglichen, Aufgaben und Probleme zu bewältigen, indem sie die Auswahl, Planung und Umsetzung sinnvoller Lösungsstrategien umsetzt.
- **Selbstkompetenz** - (auch: Individualkompetenz, Personenkompetenz, Humankompetenz) Die Fähigkeiten und Einstellungen einer Person, in denen sich die individuelle Haltung zur Welt ausdrückt, Persönlichkeitseigenschaften, die nicht nur im Arbeitsprozess Bedeutung haben.
- **Handlungskompetenz** – (Das Resultat der 3 oberen Kompetenzbereiche) Die Befähigung einer Person, sich situativ angemessen zu verhalten, selbstverantwortlich Probleme zu lösen, bestimmte Leistungen zu erbringen und mit anderen Menschen angemessen umzugehen, auf der Basis eines erfolgreichen Lernprozesses.
- **Medienkompetenz** – Die Fähigkeit einer Person zur Analyse, Auswahl, Bewertung, Gestaltung und Nutzung digitaler und analoger Medien in der heutigen Wissensgesellschaft als mündiger und reflektierter Bürger.

Diese Kompetenzbereiche lassen sich jeweils anhand bestimmter Teil-Kompetenzen erfassen.

Teil-Kompetenzen der Sozialkompetenz einer Person:
- Kommunikationsfähigkeit
- Konfliktfähigkeit
- Kooperationsfähigkeit
- Führungskompetenz
- Einfühlungsvermögen (Empathie)
- Emotionale Intelligenz
- Teamfähigkeit

Teil-Kompetenzen der Methodenkompetenz einer Person:
- Abstraktes und vernetztes Denken
- Analysefähigkeit
- Denken in Zusammenhängen
- Kreativität
- Lern- und Arbeitstechniken
- Rhetorik

Teil-Kompetenzen der Selbstkompetenz einer Person:
- Anpassungsfähigkeit
- Ausdauer und Belastbarkeit
- Engagement
- Flexibilität
- Kreativität
- Leistungsbereitschaft und Lernbereitschaft
- Mobilität
- Motivation
- Organisationsfähigkeit, Management Skills
- Selbstständigkeit und Zuverlässigkeit
- Zeitmanagement

GLOBAL-GOVERNANCE-COMPETENCY

Bei den acht Schlüsselkompetenzen des europäische Parlaments fehlt jedoch eine für die Zukunft der globalisierten Weltgemeinschaft entscheidende Kompetenz: eine globale Welt-Innenpolitik-Kompetenz, die wir Global-Governance-Competency nennen.

Schon die alten Römer kannten eine Art Autorität, die ohne formal berechtigte und mit Gewaltmonopol ausgestattete Akteure auskam - den Rat der Weisen.

Bei dieser Kompetenz geht es um die Fähigkeit einer Person, sich an einer kooperativen, multilateralen Gestaltung der Globalisierung beteiligen zu können.

Global-Governance-Competency hat einen weiteren Blickwinkel im Vergleich zur sozialen Kompetenz, die sich im Wesentlichen auf die Beteiligung an lokal vorhandenen Gruppen und Beziehungen im Mikrosystem einer Person bezieht.

Hingegen ist die Kompetenz, sich an weltpolitischen und globalisierten Fragen und Problemlösungen zu beteiligen eine Fähigkeit, die alle Menschen in einer globalisierten Welt benötigen, um das soziale Umfeld Welt mitgestalten zu können.

Global-Governance-Competency ist die Kompetenz, den kulturellen Pluralismus im Inneren der Kontinente zu verstehen, sich an der Problemlösung länger andauernder, grenzüberschreitender Probleme beteiligen zu können und bei der Schaffung neuer politischer Strukturen durch dezentrales Steuern von Globalisierungsprozessen durch freiwillige Kooperation mitreden und mitwirken zu können.

Die Praxis und Vorgehensweise

Eine Beispielagenda für ein Führungskräftetraining

Prozessverlauf einer Beratung mit Trainings-, Supervisions- und Coachingsequenzen im Rahmen der kontinuierlichen Verbesserungsstrategie:

START
ABSPRACHE des Auftrages und Vereinbarung der ZIELE mit allen Ebenen der Führungshierarchie.

⇩

VORSTELLUNG der Leitziele und Folgeziele durch alle Führungshierarchien. Erarbeitung der Ziele der folgenden Hierarchieebene.
Vorstellung der Methodik des weiteren Vorgehens.

⇩

EINZELCOACHING mit dem Ziel den Leistungsstand festzustellen und Wunsch zur Kompensation von realen wie vermeintlichen Defiziten.

Gemeinsame SEMINARE, um Defizite durch Wissenstransfer zu kompensieren.

SUPERVISION der Arbeitsabläufe „vor Ort".

EVALUATION des Trainings durch Einzelcoachings mit dem Ziel Fortschritte festzustellen und zu fördern.

Personalentwicklung in der OE

Am Anfang steht eine Einladung!

Beispiel für eine Einladung zum Führungskräftetraining

Das Ziel der Fortbildungsreihe ist:
Aus Führungskräften Unternehmer machen.

Themen: Umgang mit Konflikten, Motivation, unternehmerische Entscheidungen und Teamverhalten, vernetzt denken – ganzheitlich Handeln, effizientes Selbstmanagement, Präsentations- und Kreativitätstechniken, kollegiale Beratung und vieles mehr...

Liebe Kollegen aus der Niederlassung XY,

auch im Jahr 20XX wollen wir Sie mit unserem Führungskräftetraining in Ihrer Rolle als Führungskraft unterstützen.
Das Entwicklungsprogramm beinhaltet in diesem Jahr eine Kombination aus Kurztrainings, Coachinggesprächen und der Teilnahme von Herrn/Frau... und dem Beraterteam der Consulting NN an Ihrem Arbeitsprozess (Supervision).

Die ersten Trainingsinhalte und Termine für die nächsten Wochen stehen bereits fest.

Bitte melden Sie sich bei Herrn... / Frau...
bis zum...
zu den einzelnen Maßnahmen an.

Mit freundlichen Grüßen

Die Jahres-Agenda

Beispiel für eine Agenda für ein Jahres – Führungskräftetraining

Jahresplanung 20XX

Trainingsmaßnahmen zur Weiterentwicklung der Führungskräfte

ELEMENTE DER BERATUNGSEINHEIT 1

08.00 - 10.30 Uhr: Das 1. Training: Thema: „Ziele formulieren"

Das Thema dient auch als Vorbereitung auf die Jahresgespräche

Inhalte:
- Welche konkreten Ziele will ich erreichen?
- Lang-, mittel- und kurzfristige Ziele
- Zielinhalte festlegen
- Ziele klar und messbar machen
- Prioritäten finden und setzen
- Wochen- und Tagesplanung
- Schriftlich planen
- Realistisch planen
- Flexibel reagieren

10.30 – 18.00 Uhr: Coachinggespräche und Vorbereitung auf folgende Supervisionen nach den nächsten Fortbildungseinheiten.
Exkurs: Was verstehen wir unter Supervision?...

Ca. 14 Tage oder einen Monat später

ELEMENTE DER BERATUNGSEINHEIT 2

08.00 - 10.30 Uhr: Das 2. Training mit dem Thema: „Ziele erreichen"

Dient auch als Vorbereitung auf die Jahresgespräche

Inhalte:
- Unterscheiden zwischen „dringend" und „wichtig"
- Die Dringlichkeitsfalle
- Emotionen und Prioritäten
- „Nein" sagen lernen
- Richtig planen – konkrete Umsetzung
- Arbeitsrituale und ihre psychologisch-methodische Bewertung
- Analyse der persönlichen Stärken und Fallen
- Umgang mit Informationen
- Delegieren

10.30 – 18.00 Uhr: Coachinggespräche und Supervision

Ca. 14 Tage oder einen Monat später

ELEMENTE DER BERATUNGSEINHEIT 3

08.00 - 10.30 Uhr: Das 3. Training mit dem Thema: „Erfolgreiche Führungsgespräche" (inkl. Konfliktmanagement)

Inhalte:
- Regelmäßige Gespräche
- Jahresgespräch
- Einführungsgespräch am neuen Arbeitsplatz

- Disziplinargespräch
- Abfangsgespräch

10.30 – 18.00 Uhr: Coachinggespräche und Supervision

Ca. 14 Tage oder einen Monat später

ELEMENTE DER BERATUNGSEINHEIT 4

08.00 - 10.30 Uhr: Das 4. Training mit dem Thema: „Selbstmanagement" und Stressbewältigung

Inhalte:
- Wie wirke ich auf andere und wie werde ich wahrgenommen?
- Was sind meine wirklichen Stärken?
- Was lebe ich noch nicht?
- Welche Verhaltensmuster lebe ich, die mich in meiner Entwicklung hemmen?
- Wie kann ich meine Situation aus einem erweiterten Blickwinkel betrachten und neu bewerten?
- Wie erkenne und verstehe ich eingefahrene, mir typische Verhaltensmerkmale und wie kann ich sie bei Bedarf ändern?
- Was kann ich konkret tun, um meinen Weg zu erkennen und mein Ziel zu erreichen?

10.30 – 18.00 Uhr: Coachinggespräche und Supervision

Ca. 14 Tage oder einen Monat später

ELEMENTE DER BERATUNGSEINHEIT 5

08.00 - 10.30 Uhr: Training „Führungsstile, Delegation und Anerkennung"

Inhalte:
- Führungsstil und Führungsverhalten
- Delegation und Beteiligung
- Führen mit Zielvereinbarungen
- Anerkennung und konstruktive Kritik

10.30 – 18.00 Uhr: Coachinggespräche und Supervision

Follow Up – 1. Halbjahr 20xx

- Wie sind die Maßnahmen im ersten Halbjahr gelaufen?
- Positive/negative Erfahrungen?
- Feedback der Teilnehmer?
- Fortführung des Entwicklungsprogramms?
- Sind Änderungen/Ergänzungen im Ablauf erforderlich?
- Weitere Vorgehensweise?
- Schulungsthemen bis Dezember 20XX festlegen
- TN: Herr/Frau und Team,...

Ca. 14 Tage oder einen Monat später

ELEMENTE DER BERATUNGSEINHEIT 6

08.00 - 10.30 Uhr: Training „Meetings gestalten und durchführen"

Inhalte:
- Vorbereitung von Meetings
- Zielformulierung, Zeitplanung, Agenda
- Moderationsmethode
- Zielorientierte Diskussionen führen
- Umgang mit Störungen

10.30 – 18.00 Uhr: Coachinggespräche und Supervision

Ca. 14 Tage oder einen Monat später

ELEMENTE DER BERATUNGSEINHEIT 7

08.00 - 10.30 Uhr: Training „Präsentationstechniken"

10.30 – 18.00 Uhr: Coachinggespräche und Supervision

Ca. 14 Tage oder einen Monat später

ELEMENTE DER BERATUNGSEINHEIT 8

08.00 - 10.30 Uhr: Training „Vorbildwirkung"

10.30 – 18.00 Uhr: Coachinggespräche und Supervision

Ca. 14 Tage oder einen Monat später

ELEMENTE DER BERATUNGSEINHEIT 9

08.00 - 09.30 Uhr: Training Vorbereitung auf das Jahresgespräch

09.30 – 18.00 Uhr: Coachinggespräche und Supervision

Ca. 14 Tage oder einen Monat später

ELEMENTE DER BERATUNGSEINHEIT 10

14.00 - 15.30 Uhr: Training „Feedbacktechniken"

Ab 08.00 Uhr: Coachinggespräche und Supervision

Ca. 14 Tage oder einen Monat später

ELEMENTE DER BERATUNGSEINHEIT 11

08.00 – 09.30 Uhr: Training „Teamentwicklung"

09.30 – 18.00 Uhr: Coachinggespräche und Supervision

Ca. 14 Tage oder einen Monat später

ELEMENTE DER BERATUNGSEINHEIT 12

08.00 – 09.30 Uhr: Training „Die richtige Kommunikation für Teams"

09.30 – 18.00 Uhr: Coachinggespräche und Supervision

Ca. 14 Tage oder einen Monat später

ELEMENTE DER BERATUNGSEINHEIT 13

08.00 – 10.30 Uhr: Training „Konfliktlösungen für Teams"

10.30 – 18.00 Uhr: Coachinggespräche und Supervision

Follow Up – 2. Halbjahr

- Wie sind die Maßnahmen im zweiten Halbjahr gelaufen?
- Positive/negative Erfahrungen?
- Feedback der Teilnehmer?
- Fortführung des Entwicklungsprogramms?
- Sind Änderungen/Ergänzungen im Ablauf erforderlich?
- Weitere Vorgehensweise?
- Schulungsthemen für 20xx festlegen

FÜHRUNGSKRÄFTEENTWICKLUNG - BEISPIELE FÜR TRAININGSTHEMEN DES 2TEN BERATUNGSJAHRES

1. SELBSTMANAGEMENT UND ARBEITSTECHNIKEN

Ähnlich wie Wissensmanagement ist der Begriff Zeitmanagement eine irreführende Bezeichnung. Das Wissen an sich, die Fakten und Informationen des angeblichen Wissensmanagement bleiben so wie sie sind, Fakten und Informationen. Der einzelne Mensch lässt sie auf sich einwirken, verändert sich, reagiert. Ebenso ist die Zeit ganz unabhängig vom Individuum. Sie vergeht, während wir in dieser Zeit etwas tun. Das einzige, was man managen kann, ist man selbst. Daher beschäftigt sich Zeitmanagement vorwiegend mit Selbstmanagement.

Lernziele:
Die Führungskraft kann
- einen individuellen beruflichen Tages-, Wochen- und Monatsplan zeichnen und bearbeiten.
- ihre Problematik hinsichtlich Pufferzeiten, Handicaps, Berechenbarkeit der Termine an einem Beispiel erklären.
- eine ABC-Analyse durchführen, mittels der sie alle Aufgaben in die Kategorien A-hohe Priorität/sehr wichtig, B-mittlere Priorität, C-geringe Priorität einsortiert.
- eine Mindmap für ihre Mitarbeiter oder Besucher ihrer Abteilung erstellen, die einen differenzierten graphischen Überblick über die Tätigkeiten und systematischen Zusammenhänge mit anderen Abteilungen gibt.
- eine Liste mit dem Thema „Was sind meine wirklichen Stärken?" erstellen. Diese Liste erfasst alle individuellen beruflich wichtigen Eigenschaften und Tätigkeiten und dient zugleich als Übung zur differenzierten und fördernden Beurteilung der Mitarbeiter.

PERSONALENTWICKLUNG IN DER OE

2. PROBLEMLÖSEKOMPETENZ & ENTSCHEIDUNGSBEREITSCHAFT

Problemlösekompetenz bezeichnet die Gesamtheit von Fähigkeiten und Fertigkeiten, bezogen auf bestimmte Anforderungen, sowie die damit verbundenen motivationalen und sozialen Bereitschaften und Fähigkeiten, um die Problemlösungen in variablen Situationen erfolgreich und verantwortungsvoll nutzen zu können. Damit ist gemeint, die Kompetenz, in bestimmten Problemlagen Probleme zu lösen und die Bereitschaft, dies auch zu tun. Dieses Training soll dazu beitragen, Problemlösekompetenz zu erweitern.

Lernziele:
Die Führungskraft kann
- in einer Präsentation mit Flipchart einen Problemprozess in ihrer Abteilung oder mit anderen Abteilungen in seinen einzelnen Elementen (seinen Kollegen) darstellen
- eine Lösung für ein Problem/eine Herausforderung mit verschiedenen Methoden (Flipchart, Powerpoint, Moderation) präsentieren und deren unterschiedliche Wirkung reflektierend formulieren
- mögliche und notwendige Weiterbildungsmaßnahmen skizzieren und Kollegen vorstellen.

3. OFFENHEIT UND IDEENREICHTUM

Konkurrenzdruck und Wettbewerb erfordern, dass Mitarbeiter ihre Leistungen, Prozesse und Strategien kontinuierlich in Frage stellen und innovative, überlegene Lösungen hervorbringen.
Weder das Hervorbringen noch das Realisieren einer guten Idee ist Zufall, sondern beides das Ergebnis eines steuerbaren

Prozesses. Kreativität kann trainiert, kreatives Potential gefördert, Quantität und Qualität von Ideen systematisch gesteigert werden.

Lernziele:
Die Führungskraft kann
- Ideen als Diskussionsgrundlage Kollegen, Mitarbeitern, Vorgesetzten mit verschiedenen Methoden präsentieren und die Beiträge/Einwände mit „Aktivem Zuhören" strukturiert wiedergeben
- mit der Methode des Brainwritings alle Faktoren, die die Produktion neuer Ideen hemmen minimieren und alle fördernden Faktoren in den Vordergrund stellen sowie dies anderen präsentieren

4. Unternehmerisches Denken

Unternehmerisches Denken und Handeln lässt sich nicht allein durch das Antrainieren einer bestimmten Haltung erlernen – unternehmerisch denken und handeln kann nur, wer eine gewisse emotionale Bindung an die Firma besitzt. Personen, denen diese Bindung gänzlich fehlt, liegt im allgemeinen wenig an der Qualität ihrer zu verrichtenden Arbeiten – sie arbeiten eher teilnahmslos, daher häufig auch ineffizient und scheuen sich davor, Verantwortung zu übernehmen. In Zeiten enger werdender Märkte und verschärften Wettbewerbs wird von allen Personen im Unternehmen betriebswirtschaftlich orientiertes Denken und Handeln gefordert.
Dabei ist das Verständnis für die Vernetzung der Funktionsbereiche sowie die Auswirkungen von Entscheidungen auf das Unternehmensergebnis von besonderer Bedeutung.

Lernziele:
Die Führungskraft kann

- ein Problem in systematischen Zusammenhang zu anderen Abteilungen bringen und
- mit verschiedenen Methoden der Präsentation (z.B. Mindmapping) in einer Gruppenübung demonstrieren

5. ÜBERZEUGUNGSKRAFT

In jedem Meeting oder jeder Mitarbeiterbesprechung geht es darum, andere Menschen für die eigenen Ideen und Vorschläge zu gewinnen. Der Einsatz einschlägiger Präsentationsmedien (z.B. Beamer) allein garantiert dabei noch nicht den Erfolg. Vielmehr kommt es darauf an, sich selbst verständlich zum Ausdruck zu bringen, eine gute Beziehung zu den Zuhörern aufzubauen und mit guten Argumenten für die eigene Sache zu werben.
Lernziele:
Die Führungskraft kann
- ihren jeweiligen Standpunkt mit verschiedenen Methoden der Präsentation (Moderation, Power-Point, Flipchart, Whiteboard) in einer Gruppenübung darstellen, erläutern und diskutieren
- ihr Selbstbild und Fremdbild schriftlich definieren und graphisch darstellen
- ihre Information auf eine Kernbotschaft konzentrieren und schriftlich präsentieren
- ihre Ziele formulieren und präsentieren

6. KOOPERATIONSVERHALTEN

Nicht jede Arbeitsgruppe ist ein Team, doch jedes Team ist eine Arbeitsgruppe! Ein Team erfolgreich zu führen und zu entwickeln ist in der heutigen Zeit ein Muss. Die Führungskräfte sollen die Vorteile der Teamarbeit für sich und das Unternehmen erkennen, ihr Kommunikations- und Kooperationsverhalten innerhalb des Teams sowie zu anderen Arbeitsgruppen verbessern und die Besonderheiten der Teamführung erarbeiten.

Lernziele:
Die Führungskraft kann
- mit verschiedenen Methoden (Mindmap, E-Mail) Informationen an Kollegen, Mitarbeiter, Vorgesetzte schriftlich weitergeben und an aktuellen Beispielen darstellen
- graphisch die Positionen und Aufgaben im eigenen Team darstellen und erläutern
- verschiedene Arbeitsabläufe im Team demonstrieren
- die Regeln von Teamarbeit Kollegen und Mitarbeitern visualisiert erläutern

7. **KONFLIKTVERHALTEN**

Für eine konstruktive Konfliktbewältigung ist weniger das „Was" (der inhaltliche Streitpunkt) entscheidend, sondern vielmehr das „Wie": die Art und Weise, wie die Konfliktparteien miteinander umgehen, und welche Gefühle dabei eine Rolle spielen.

Lernziele:
Die Führungskraft kann
- Konflikte erkennen, formulieren und nach den Konfliktlösungsregeln Vorschläge machen
- eine Konfliktmoderation nach den Regeln der Moderationsmethode durchführen
- mit den Regeln der klientenzentrierten Gesprächsführung die Emotionen hinter einem angeblichen oder nur prinzipiellen Konflikt herausarbeiten und formulieren
- einen Konflikt zwischen zwei Parteien detailliert visualisiert darstellen

ein Konfliktgespräch führen und supervidiert In seinen Bestandteilen unter Anwendung von Paraphrase und Verbalisation zu einer Lösung führen

8. Leistungsorientierung

In unserer zunehmend vernetzten Arbeitsumgebung muss die Leistung im Team erbracht werden und dafür reichen guter Wille und Belastbarkeit nicht mehr aus. Der Begriff der Leistungsorientierung steht in Verbindung zu Denken und Handeln in komplexen Strukturen, verlangt analytisches Vorgehen, Flexibilität, die Fähigkeit, über den Tellerrand hinauszusehen und bereichsübergreifende Zusammenhänge zu erkennen, und – Kundenorientierung.

Lernziele:
Die Führungskraft kann
- eine Liste von Tätigkeiten und Leistungen der Mitarbeiter erstellen und diese zu messbaren Kategorien operationalisieren
- einen Zielkatalog der eigenen Leistungen operationalisiert darstellen

9. Verantwortungsbereitschaft und Vertrauen

Führungsverantwortung setzt neben fachlicher Kompetenz auch eine persönliche Führungsqualifikation voraus. Allgemeine Kenntnisse von Führungsmethoden alleine reichen nicht aus. Um Mitarbeiter zu führen, ist es wichtig, sich selbst führen zu können und vor allem zu wissen, wohin man sich selbst führen möchte. Wer seine eigenen Stärken und Schwächen kennt und wer weiß, wer er selbst ist, der kann sich auch in seine Mitarbeiter hineinversetzen und diese souverän in die richtige Richtung lenken und motivieren. Mit Vertrauen korrespondiert individuelle Verantwortung.

Lernziele:
Die Führungskraft kann
- eine Liste delegierter wie eigenverantwortlicher Tätigkeiten der Mitarbeiter erstellen
- eine Stärken-Schwächenanalyse vornehmen

10. Ausdauer und Belastbarkeit

Ausdauer und Belastbarkeit sind wichtig, um mit Misserfolg fertig zu werden. Im (Berufs-) Leben kann nicht immer alles glatt gehen. Aber auch Belastungen und Enttäuschungen muss man aushalten können. Nicht zuletzt stärkt dies das Selbstvertrauen.

Lernziele:
- Die Führungskraft kann
eine Hierarchie „normaler" und überdurchschnittlicher Belastungen für die Mitarbeiter erstellen

11. Flexibilität

Durch den wachsenden Zeit- und Ergebnisdruck steigen die Anforderungen an den verantwortungsbewussten Mitarbeiter. Belastbarkeit, Widerstandsfähigkeit und Durchsetzungsvermögen sind unverzichtbare Qualitäten. In diesem Training lernen die Führungskräfte, ihre Stressresistenz und Frustrationstoleranz weiter zu entwickeln. Sie trainieren, Niederlagen zu ertragen und den Spaß an immer neuen Herausforderungen zu finden, ohne gesundheitlichen Schaden zu nehmen.

Lernziele:
Die Führungskraft kann
- einen Arbeitsbereich eines Kollegen mit seinen Anforderungen darstellen und Aufgaben schildern, die in Vertretungsfällen zu übernehmen sein könnten
- ein Stressmodell und seine Möglichkeiten einer Stressprävention erläutern und Kollegen und Mitarbeitern präsentieren
- in seiner Sprache Stress erzeugende Formulierungen erkennen
- aus den letzten Wochen, Monaten und Jahren Lernprozesse und Lernergebnis benennen und darstellen

- einen fachlichen und persönlichen Entwicklungsplan erstellen
- einen Prozessverlaufsplan erstellen, der als Leitfaden zur Bearbeitung für neue Aufgaben dient

12. SERVICEORIENTIERUNG

In diesem Training soll der Servicegedanke der Führungskräfte geschärft werden und die Mitarbeiter zu konsequenten Problemlösern und „Kümmerern" entwickelt werden.
Lernziele:
Die Führungskraft kann
die Anforderungen und Bedürfnisse der Kunden detailliert präsentieren und werten

13. DELEGATION UND ZIELVEREINBARUNG

Führung durch Delegation von Aufgaben und Verantwortung beinhaltet eine klare, transparente und möglichst standardisierte Festlegung von Delegationsbereichen. Entscheidungs-, Weisungs- und Verantwortungsdelegation vollzieht sich durch die Definition der Aufgaben- und Kompetenzbereiche.

Lernziele:
Die Führungskraft kann
- eine Liste schon delegierter Aufgaben erstellen und deren Optimierung erläutern
- eine Liste von Kontrollmöglichkeiten delegierter Aufgaben erstellen

14. MITARBEITERENTWICKLUNG

Eine der wichtigsten Aufgaben einer Führungskraft ist es, Mitarbeiter zu qualifizieren, zu entwickeln, wenn nötig auszubilden. Dazu bedarf es kommunikativer Kompetenz, da regelmäßiges Feedback, Lob und Anerkennung und Aufbau von Vertrauen die Meilensteine von Mitarbeiterentwicklung darstellen.

Lernziele:
Die Führungskraft kann
- einem Mitarbeiter in einem supervidierten Gespräch ein vorbereitetes Feedback über positive und/oder negative Verhaltensweisen geben
- den Mitarbeitern an einer vorbereiteten Flipchart unter Supervision die Feedbackregeln erläutern
- den Kollegen oder den Mitarbeitern in einem Meeting unter Supervision der PE, des Coachs oder einer Führungskraft mittels einer Mindmap die Kriterien der Beurteilung im Jahresgespräch erläutern
- mittels eines „Kompetenzkatalogs" die Stärken und Fähigkeiten des Mitarbeiters in einem Feedbackgespräch nennen und erläutern

Teil 2 SYSTEMISCHE ELEMENTE DER OE

Wer Organisationsentwicklung im Rahmen der Human Key Competencies betreibt, kann dies nicht tun ohne ein systemisches Wissen organisationaler Gegebenheiten und deren Zusammenhang mit psychologischen Wirkmechanismen. Systemisch bedeutet, dass sich die Einzelteile nicht nur selbst, sondern ebenfalls gegenseitig auf vielfältige Weise beeinflussen. Organisationen haben ihre eigenen Gesetzmäßigkeiten, bestehen aus Individuen und sind im Austausch mit einer Umwelt die beide ebenfalls ihren eigenen Gesetzmäßigkeiten folgen. Die Organisation als Ganzes ist immer weit mehr als die Summe ihrer Einzelteile. Im Folgenden sind daher in konzentrierter Form wesentliche Elemente und Ansatzpunkte der Organisationsentwicklung dargestellt.

UNTERNEHMENSKULTUR

WARUM UNTERNEHMENSKULTUR WICHTIG IST!

Unternehmenskultur beeinflusst in besonderem Maße den Umgang, das Auftreten und Verhalten der Mitarbeiter und

Führungskräfte untereinander sowie gegenüber Kunden, Lieferanten, Geschäftspartnern und neuen Mitarbeitern.
 Das so geschaffene Klima wirkt auf die Beteiligten zurück, die sich auf diese Weise der vorherrschenden Unternehmenskultur anpassen oder widersetzen, jedenfalls aber bewusst oder unbewusst ihr Verhalten an ihr ausrichten. Angst ist eine große Hürde auf unserem Weg und hemmt den Erfolg.
 Führungskräfte, die mutig auf andere zugehen, ihre Aufgaben tatkräftig anpacken und ihre Sozialkompetenzen intelligent einsetzen, können Unternehmenskultur, Arbeitsklima sowie die Zusammenarbeit im Team verbessern und damit erfolgreicher sein.
Sie zeigen Mut für einen Perspektivenwechsel mit konkreten Handlungsalternativen, sie haben Mut für ein starkes «Wir-Gefühl» mit Mitarbeitern und Kollegen, sie haben Mut für ein «Ja» zu sich selbst und zu anderen, zeigen Mut für eine positiv gelebte Unternehmenskultur und haben Mut für mehr Motivation und Eigeninitiative.

Jedes Unternehmen hat seine eigenen Spielregeln und Werte – und die Führung von Unternehmen hat großen Einfluss darauf. Führungskräfte prägen ein Unternehmen durch ihre Prinzipien und Werte, was sie in der Regel nicht unterscheiden können, dadurch in Folge ihr Verhalten und ihre Kommunikation.
Werte sind im Sinne von Wertschätzungen persönliche Entscheidungen, Bewertungen, Urteile. Ein Prinzip (lat. principium = Anfang, Ursprung) ist das, aus dem ein "Anderes" seinen Ursprung hat. Es stellt eine gegebene Gesetzmäßigkeit dar, das Prinzip gilt ohne meine Zustimmung, wie das Prinzip des Säens und Erntens, die Reihenfolge muss akzeptiert werden.

Die bestehende Kultur einer Firma prägt umgekehrt die Führungskräfte. Wie auch zu sehen ist, dass im Rahmen der Enkulturation ein Mensch ohne kulturelle Beeinflussung nicht denkbar ist. Unter Enkulturation, einem Lehnwort aus dem Englischen („in eine Kultur einbinden") versteht man den Teil des Sozialisationsprozesses, der das unmerkliche Hereinwachsen in die jeweilige eigene Kultur vom zunächst neutralen und kulturfreien Neugeborenen bis hin zum kulturell integrierten Erwachsenen bewirkt. Es ist der Grundbegriff der Gesamtheit bewusster und unbewusster Lern- und Anpassungsprozesse, durch die das menschliche Individuum im Zuge des Hineinwachsens in eine Gesellschaft die dazugehörige Kultur übernimmt und folglich zu einer soziokulturellen Persönlichkeit heranreift. Durch Verinnerlichung dieser Elemente, wie z.B. Sprache, Wert- und Normensysteme, werden diese zu Selbstverständlichkeiten des individuellen Empfindens und des alltäglichen Verhaltens (vgl. Brockhaus 1988, S. 409). Die Werte eines Unternehmens zeigen sich in der Firmenphilosophie in bestimmten Sitten, Ritualen, Umgangsformen, aber auch in Statussymbolen oder Projekten einer Firma.

Doch was tun nun Entscheider, die neu in ein – möglicherweise sogar internationales – Unternehmen kommen und Änderungen herbeiführen sollen? Weil die Unternehmensführung tief in der Landes- und Unternehmenskultur verankert ist, werden Führungskräfte scheitern, wenn sie Dinge von ihren Mitarbeitern verlangen, die sie kulturell nicht gewohnt sind. Wer etwas in einem Unternehmen verändern möchte, muss sich also notwendigerweise mit kulturellen Fragen beschäftigen. Generell gilt: Jeder Veränderung in der Organisation muss zunächst ein – je nach Situation kleiner oder großer – Kulturwandel vorangehen.

Die Kultur zeigt sich im Informellen

Doch Vorsicht, Unternehmenskultur hat viel mit einem Eisberg gemeinsam: Der größte Teil liegt unter Wasser und ist nicht auf Anhieb zu erkennen. Wie ein Unternehmen tickt, welche

Werte, Spielregeln oder auch Ängste herrschen, zeigt sich im Informellen. Hier schleichen sich geheime Regeln ein, bilden sich Subsysteme heraus. Wie lernt man diese ungeschriebenen Regeln kennen? Mit Einfühlungsvermögen, Sensibilität und Verständnis für solche informellen, kulturell geprägten ungeschriebenen Regeln. Zu erkennen, nach welchen Werten gelebt und gearbeitet wird, ist eine Sache. Die Wahrnehmung reicht aber nicht aus. Führungskräfte müssen auch die bestehende Kultur anerkennen und wertschätzen.

Es kommt also darauf an, die Unterschiede und Gemeinsamkeiten zu verstehen und sie bei Führungsprozessen und Entscheidungsstrukturen zu berücksichtigen. Außerdem sollten sich Entscheider damit beschäftigen, was die Wahrnehmungen und Handlungen der Mitarbeiter bestimmt.
Eine auf Werte orientierte Führungskraft bringt die Unternehmensvision mit den individuellen Visionen der Mitarbeiter in Einklang. Gleichzeitig muss sie ihr Unternehmenskonzept und die Unternehmensmethoden aber auch in den Kontext der jeweiligen Landeskultur integrieren, beschreibt Peter F. Drucker in Die Kunst des Managements die Anforderungen an ein Management.

Setzt eine Führungskraft auf gute Beziehungsnetzwerke, will sie Talente entwickeln, sind ihr traditionelle Werte, aber auch Ziele und Herausforderungen wichtig, hat sie gute Chancen, eine bestehende Unternehmenskultur zu verändern. Wichtig dafür ist aber, überhaupt erst eine Führungskultur zu schaffen. Nur wenn es der Führung ernsthaft auf Innovationen, auf Unverwechselbarkeit und Anerkennung ankommt, wenn sie keine Herausforderungen scheut und Fehler als Investition betrachtet, ändert sich eine Unternehmenskultur. Und das zeichnet echte Führungskunst überhaupt aus.

Systemische Elemente der OE

Unternehmenskultur als Wettbewerbsvorteil

Die Unternehmenskultur ist ein zunehmend wichtiger werdender Wettbewerbsvorteil, da sie schwieriger zu imitieren ist, als z.B. Preis, Qualität, Service, Zeit oder das Sortiment. Wettbewerbsvorteile ergeben sich z.B. durch Maßnahmen in den Bereichen
- Einsatz der Mitarbeiter
- Zusammenarbeit unter den Mitarbeitern
- Entgeldsysteme
- Aus- und Weiterbildung der MA
- Motivation der MA und Führungskräfte.

Auch die Produkte gelangen in den Glanz dieser Einmaligkeit einer Organisation, da besonders motivierte, ausgebildete, weitergebildete, gut zusammenarbeitende zufriedene Mitarbeiterinnen und Mitarbeiter besonders gute Produkte erstellen.

Was ist das „berüchtigte" Alleinstellungsmerkmal?

Alle möchten eins haben, alle fürchten, es könnte nicht lange eins bleiben.

Als Alleinstellungsmerkmal (engl. unique selling proposition, USP) wird im Marketing das herausragende Leistungsmerkmal bezeichnet, mit dem sich ein Angebot deutlich vom Wettbewerb abhebt.

Die einzigartige Eigenschaft eines Produktes oder eines Markenartikels, mit der ein Vorteil gegenüber der Konkurrenz verbunden ist, kann im Preis, in der Formgebung, in besonderen technischen Eigenarten, dem Service oder in der Kultur eines Unternehmens liegen, einer Kultur, zu der sich jeder zählen möchte.

Meist wird ein besonderer Vorteil für den Kunden herausgestellt.
Das Alleinstellungsmerkmal ist typischerweise die Grundlage einer Werbekampagne für ein Produkt.
Die Bereitstellung eines Alleinstellungsmerkmals ermöglicht die Identifikation mit der Leistung eines Unternehmens.

Die Werbung für das Produkt ist durch das Alleinstellungsmerkmal von strategischer Bedeutung, da sich die Werbebotschaft auf wenige und einfache Punkte beschränken lässt. Stetige Verbesserung, bestausgebildete zufriedene MA, Service aus Überzeugung, überhaupt Einstellungen der MA gegenüber den Kunden lassen auch in der Reife- und Sättigungsphase eines Produktlebenszykluses die Schwierigkeiten eines gereiften Marktes verblassen.
Bei diesem sind die Unterschiede zwischen den konkurrierenden Produkten geringer, was die Herausarbeitung von Alleinstellungsmerkmalen einschränkt, wenn diese auf Produktmerkmalen und nicht auf Unternehmenskultur beruhen. Und so lassen sich viele auf eine „der Preis ist geil-Philosophie" ein.

Eine sich davon unterscheidende Strategie besteht darin, dass man sich von materiellen Alleinstellungsmerkmalen entfernt und stattdessen versucht, eine emotionsgeladene Marke aufzubauen, die fortan als Alleinstellungsmerkmal dient und den Kunden bindet. Dies kann die Kultur eines Unternehmens sein.

VORTEILE DER GEMEINSAM GETRAGENEN UNTERNEHMENSKULTUR

„ADVANTAGE AUFSCHLÄGER"
Die Unternehmenskultur wirkt sich kontinuierlich auf die Beziehungen zu Kollegen, Kunden, Lieferanten und die Kommunikation aus, jede Aktivität in einem Unternehmen ist durch ihre Kultur gefärbt und beeinflusst.

Wenn die Mitwirkenden Bewusstsein und Verständnis der letztlich alles beherrschenden und durchdringenden Kultur bekommen, erlaubt es dies den Mitgliedern, ihre Ziele besser verwirklichen zu können, und den Außenstehenden, die Organisation besser zu verstehen.

Es kann mit und durch die Kultur eine Marke geschaffen werden, die in ihrer Nachhaltigkeit alle anderen Wirkungen, wie z.B. der Produkte in den Schatten stellt.

Die Erfahrung mit Menschen zeigt jedoch auf, dass in Organisationen durchaus Eigeninteressen der Mitarbeiter und des Managements bestehen. In einem Verhaltenskodex im Rahmen der Unternehmenskultur mit Regelungen und Richtlinien zur unternehmensexternen und -internen Kommunikation sollten Führungsgrundsätze und das gewünschte Verhalten der Mitarbeiter festgelegt werden.

Grundlage für den Verhaltenskodex sind die Prinzipien (Gleichheit, Freiheit, Brüderlichkeit, Menschenrechte) und Werte (Gesundheit, Gemeinschaftsgefühl, Ehrlichkeit), zu denen sich die Unternehmung in der Unternehmenskultur bekennt, die in die Alltagsarbeit einfließen sollen.
So ergibt sich ein typisches Gesamtbild (Image) einer Organisation, welches im Rahmen der Marktkommunikation vermittelt wird.
D.h., hier wird der Eigennutzen der Unternehmens-Kultur deutlich, sie formt die Unternehmung, sie kann als nachhaltiges, selbstbestimmtes Alleinstellungsmerkmal, Image des Unternehmens genutzt werden.

Unternehmenskultur
- stärkt die Identifikation der Mitarbeiter mit ihrem Arbeitgeber
- macht Grundsatzdiskussionen überflüssig

- stärkt die Identifikation mit den kurz- mittel- und langfristigen Unternehmenszielen
- fördert den innerorganisatorischen Zusammenhalt
- steigert die Effizienz und Leistungsfähigkeit von Unternehmen
- ist das beständigste Alleinstellungsmerkmal

Wo findet man die Unternehmenskultur?
Kultur ist eine Gruppeneigenschaft. Wenn eine Gruppe genügend gemeinsame Erfahrungen hat, entwickelt sich eine Kultur. Kulturen finden sich auf allen Ebenen der Hierarchie.
Jede Organisation bildet eine spezifische Kultur heraus, die das Verhalten maßgeblich bestimmt. Sie ergibt sich aus dem Zusammenspiel von Werten, Normen, Denkhaltungen, Prinzipien und Paradigmen, welche die Mitarbeiter teilen: was das Zusammenleben in der Organisation sowie das Auftreten nach außen hin prägt.
Der Mensch wird gleichzeitig als kultureller Schöpfer wie als Geschöpf der Kultur gesehen.

Zum Begriff Corporate Behavior

Corporate Behavior bezeichnet die Arbeitsweise und den Auftritt eines Unternehmens, insbesondere das Verhalten der Mitarbeiter und der Führung.
Das Corporate Behavior sollte im Innen- und Außenverhältnis möglichst stringent sein, da es die Corporate Identity maßgeblich beeinflusst.
Im Folgenden werden die Bereiche aufgezeigt, in denen Corporate Behavior sichtbar zum Ausdruck kommt.

Unternehmensintern
- Kommunikation
- Führungsstil-Führungsinstrumente
- Kriterien der Bewerberauswahl

- Kriterien der Beförderung
- Aus- und Fortbildungsangebote
- Lohnpolitik
- Sozialleistungen

Gegenüber Kunden
- Produktgestaltung
- Preisgestaltung
- Verkaufspraktiken
- Qualitätsgrundsätze
- Garantie- und Serviceleistungen
- Reaktion auf Reklamationen und Beschwerden
- Einhaltung von Lieferterminen

Gegenüber Lieferanten/Geschäftspartnern
- Zahlungsmoral
- Vorbringen von Reklamationen und Beschwerden
- Verhalten gegenüber Anrufern und Besuchern
- Ausschreibungen

Gegenüber der Öffentlichkeit
- Reaktionen auf Probleme mit den Produkten des Unternehmens
- Offenheit und Vertrauen im Umgang mit der Öffentlichkeit
- Verhalten gegenüber Anrufern und Besuchern
- Stellenausschreibungen
- Verhalten gegenüber Bewerbern

ZUSAMMENFASSUNG

Kultur ist ein wesentlicher Faktor des Lebens, denn die starken, latenten und oft unbewussten kulturellen Kräfte bestimmen, individuell wie kollektiv, Verhalten, Denkmuster und Werte.

Unternehmens-Kultur ist wichtig, weil kulturelle Elemente Strategien, Ziele und Funktionsweisen bestimmen. Die Werte und Denkmuster von Unternehmensleitern und Führungskräften sind auch durch den kulturellen Hintergrund und die gemeinsame Erfahrung determiniert.

Wenn man einer Organisation zu mehr Effizienz und Effektivität verhelfen will, müssen wir begreifen, welche Rolle die Kultur im Unternehmen spielt. Doch was ist eigentlich Unternehmenskultur?

Was ist Unternehmenskultur?

Wer Kultur begreifen will, muss sich vor allem vor allzu vereinfachten Vorstellungen hüten. Es ist verlockend, Kultur als „eben unsere Art zu arbeiten" zu bezeichnen, als „die Riten und Rituale in unserem Unternehmen", als „Unternehmensklima", „Belohnungssystem", „Grundwerte" usw.

Man muss sich vielmehr klar machen, dass Kultur aus mehreren Ebenen besteht und es gerade die tieferen Ebenen sind, die man aufdecken und steuern muss.

Die drei Ebenen der Kultur
Die Ebenen der Kultur reichen von den sichtbaren bis zu den unausgesprochenen und unsichtbaren.
- Ebene eins: Das Unternehmen und seine Produkte
- Ebene zwei: Öffentlich propagierte Werte
- Ebene drei: Unausgesprochene gemeinsame Annahmen

Die 1. Ebene: Das Unternehmen und seine Produkte

Die augenfälligste Ebene der Kultur ist die Ebene der durch menschliche oder technische Entwicklung entstandenen Produkt und Erscheinungen, die man sehen, hören und spüren kann, wie z.B. Architektur, Ausstattung, Verhalten der Mitarbeiter Ihnen gegenüber und untereinander.

Auf der Ebene der Phänomene ist die Kultur sehr klar und hat unmittelbare emotionale Auswirkungen. Aber man kann im Grunde nicht sagen, warum sich die jeweiligen Mitarbeiter so verhalten und warum das Unternehmen so aufgebaut ist.

Die folgende Liste deckt alle Bereiche ab, in denen kulturelle Phänomene sichtbar werden:
- Kleidungsvorschriften
- Wie formal sind die Arbeitsbeziehungen?
- Zahl der Arbeitsstunden
- Konferenzen (wie oft, wie geleitet, Timing?)
- Wie werden Entscheidungen getroffen?
- Kommunikation: Wie erfährt man was?
- Gesellschaftliche Ereignisse
- Jargon, Uniformen, Identitätssymbole
- Riten und Rituale
- Meinungsverschiedenheiten und Konflikte: Wie wird damit umgegangen?
- Verhältnis von Arbeit und Familie

Die 2. Ebene: Öffentlich propagierte Werte

Öffentlich propagierte Werte wie z.B. Teamarbeit aus Überzeugung oder die Art der Kundenorientierung, unterscheiden Unternehmenskulturen.

Die Produktqualität zweier Unternehmen können völlig verschieden sein, die öffentlich vertretenen Werte paradoxerweise identisch.

Die 3. Ebene: Unausgesprochene gemeinsame Annahmen

Der wirkliche Motor der Kultur – ihr Wesen – sind die gemeinsamen erlernten Werte, Überzeugungen und Annahmen, die für selbstverständlich gehalten werden und auf die sich das alltägliche Verhalten stützt. Sie sind Ergebnis eines gemeinsamen Lernprozesses.

Die Kultur steht im Verhältnis zu den Unternehmenszielen und den Möglichkeiten und Grenzen seines Umfeldes.

Eine gute oder richtige Kultur hängt davon ab, dass gemeinsame unausgesprochene Annahmen eine im Unternehmensumfeld funktionale Strategie und Struktur schaffen.
Worum geht es bei der Unternehmenskultur? Oder „So machen wir das hier!"
Wenn ein Unternehmen eine Kultur hat, beeinflussen die gemeinsamen unausgesprochenen Annahmen, aus denen die Kultur besteht, alle Aspekte der Organisation und ihrer Funktionen.

Folgende Punkte skizzieren all die Bereiche, in denen kulturelle Annahmen wichtig sind.
- Aufgabe/Mission, Strategie, Ziele
- Fragen, die beantwortet werden müssen:
- Welche grundlegende Aufgabe/Mission hat die Unternehmung?
- Was ist seine Daseinsberechtigung neben der jeweils persönlichen Existenzsicherung? oder was macht das Unternehmen Gut oder besonders gut?
- Welchen Nutzen bringt es der Gemeinschaft?
- Wie passen die Unternehmensstrategie und die daraus abgeleiteten Unternehmensziele zu dieser Aufgabe?
- Wo wurzeln diese Strategie und diese Ziele?
- Basiert die Strategie ausschließlich auf rationalen Argumenten und Logik, oder ist sie auch ein Produkt der Überzeugungen und Einstellungen der Führung von der Unternehmung?

Beispiel
„What is the mission statement of Mercedes?
Answer:
We invented the automobile - now we are passionately shaping its future. As a pioneer of automotive engineering, we feel inspired and obliged to continue this proud tradition with groundbreaking technologies and high-quality products.
Our philosophy is clear: we give of our best for customers who expect the best - and we live a culture of excellence that is based on shared values. Our corporate history is full of innovations and pioneering achievements; they are the foundation and ongoing stimulus for our claim to leadership in the automotive industry.
The principle of sustainable mobility underlies all of our thoughts and actions. Our goal is to successfully meet the demands of future mobility. And in doing so, we intend to create lasting value - for our shareholders, customers and workforce, and for society in general."

Frage: Was ist der das Wesen bestimmende Motor einer Kultur?
Antwort: Der wirkliche Motor der Kultur – ihr Wesen – sind die gemeinsamen erlernten Werte, Überzeugungen und Annahmen, die für selbstverständlich gehalten werden und auf die sich das alltägliche Verhalten stützt. Sie sind Ergebnis eines gemeinsamen Lernprozesses.

MITTEL: STRUKTUR, SYSTEME, PROZESSE

Diese Ebene umfasst die Art und Weise, in der ein Unternehmen seine Strategie und seine Ziele implementiert (z.B. Hierarchien, System von Information, Belohnung und Kontrolle, Produktions- und Marketingprozesse).
Die Aufdeckung und Korrektur von Fehlern

Diese Ebene bezieht sich auf die Selbstevaluation, die Aufdeckung und die Korrektur von Fehlern.
- Welche Systeme zur Aufdeckung von Fehlern gibt es bei Ihrer Unternehmung?
- Wie stellen Sie fest, dass Ziele und Vorgaben nicht erreicht wurden?
- Haben sich Subkulturen gebildet, die heimlich mitbestimmen?

Die Integration des menschlichen Faktors - Gemeinsame Sprache und Konzepte

Am sichtbarsten manifestiert sich Kultur in einer gemeinsamen Sprache und im gemeinsamen Denken.

Um sich als neuer Mitarbeiter in einem Unternehmen zurechtzufinden, versucht man zunächst herauszufinden, wie man sich kleidet, wie man mit dem Vorgesetzten spricht oder sich in Gruppensitzungen verhält, wie viel Selbstbehauptung erlaubt ist, wie lange man am Arbeitsplatz bleiben muss, was der Jargon und die Abkürzungen bedeuten, mit denen Kollegen um sich werfen usw.

Autorität und Beziehung

Es gibt in Unternehmen ganz unterschiedliche Muster und Rituale über Autoritätsbeziehungen und das für Mitarbeiter angemessene Maß an Beziehung.

In der Regel legen klare Normen fest, worüber am Arbeitsplatz gesprochen bzw. nicht gesprochen wird und was man Vorgesetzten oder Untergebenen sagen bzw. nicht sagen darf.

Belohnung und Status

Jedes Unternehmen entwickelt ein Belohnungs- und Statussystem. Die offensichtlichsten Formen sind Gehaltserhöhungen und Beförderung.

Aber Unternehmenskulturen unterscheiden sich in der Bedeutung, die sie diesen und anderen Formen der Belohnung zuweisen.

In manchen Unternehmen sind Beförderung und finanzielle Belohnung die wichtigsten Belohnungen und Statussymbole, in anderen dagegen sind Titel ausschlaggebend oder die Zahl der Untergebenen, für die ein Mitarbeiter verantwortlich ist.

Tiefere Annahmen der Unternehmenskultur

Eine Unternehmung spiegelt aufgrund der Annahmen und Überzeugungen seiner Führung und Mitarbeiter die tieferen Annahmen der nationalen Kultur.
So muss zum Beispiel ein Unternehmen, das sich zur Teamarbeit bekennt, nicht notwendig von der Überlegenheit der Teamarbeit überzeugt sein.

Ironischerweise spiegeln die propagierten Werte oft gerade die Bereiche, in denen das Unternehmen besonders ineffektiv ist, weil es mit widersprüchlichen kulturellen Annahmen arbeitet.

Wenn zum Beispiel das Unternehmen, das Teamarbeit propagiert, seine sämtlichen Anreiz-, Belohnungs- und Kontrollsysteme an der individuellen Verantwortung ausrichtet, lässt sich getrost annehmen, dass in Wahrheit der Einzelne zählt und nicht das Team.

Systemische Elemente der OE

Das Verhältnis Mensch und Natur

Kulturen unterscheiden sich auch darin, ob sie den Menschen in seiner Beziehung zur Natur für dominant, symbiotisch oder passiv halten.

In den westlichen Gesellschaften zum Beispiel glaubte man im 20-igsten Jahrhundert, der Mensch könne die Natur beherrschen, ihm sei alles möglich.
Im Unternehmensbereich entspricht die westliche Kultur der Annahme, man müsse eine marktbeherrschende Position einnehmen und den Markt definieren, die asiatische Kultur dagegen der Einstellung, man müsse sich eine Marktnische suchen und sie nach besten Kräften ausfüllen.

- Wie definiert sich Ihr Unternehmen im Verhältnis zu anderen Firmen im selben Geschäftsbereich, und was sind die Bestrebungen für die Zukunft?
- Sieht sich Ihr Unternehmen als marktbeherrschend, glaubt es, die richtige Nische gefunden zu haben oder passiv die Möglichkeiten des Umfelds zu nutzen?

Das Wesen des Menschen

Kulturen lassen sich danach unterscheiden, ob sie glauben, der Mensch sei von Grund auf gut oder böse, könne sich ändern oder sei ein für alle Mal festgelegt.

Nach McGregor (1960) unterscheiden sich auch Manager in Bezug auf das Menschenbild. Manche glauben, der Mensch sei im Grunde faul und arbeite nur bei Anreizen und Kontrollen (Theorie X). Andere dagegen glauben, es gebe eine grundsätzliche Motivation zur Arbeit und der Mensch brauche nur die richtigen Mittel und Möglichkeiten (Theorie Y).

Wer den Mitarbeitern nicht vertraut, installiert Stechuhren und Kontrollen und macht auf andere Weise sein Misstrauen deutlich.
Darauf reagieren die Mitarbeiter dann mit Passivität, was wiederum die ursprüngliche Annahme des Managers bestätigt.
Das System von Befehl und Kontrolle hat seine Wurzel überwiegend in diesem grundsätzlichen Misstrauen.

Dagegen sind Manager, die davon ausgehen, die Mitarbeiter seien in der Lage und willens, die eigenen Ziele mit denen des Unternehmens zu verbinden, stärker bereit zu delegieren, als Lehrer und Coach zu fungieren und die Mitarbeiter bei der Entwicklung von selbst überwachten Anreizen und Kontrollen zu unterstützen.

Ein weiterer wichtiger kultureller Unterschied ist die Vorstellung, der Mensch sei festgelegt oder entwicklungsfähig.
- Auf welche Annahmen oder „Botschaften" stützen sich die Anreiz-, Belohnungs- und Kontrollsysteme bei Ihrer Unternehmung? Vermitteln diese Systeme Vertrauen oder Misstrauen in die Mitarbeiter?
- Wenn Sie Ihrer Unternehmung auf einer 10-Punkte-Skala bewerten müssten (1= Theorie X, 10 = Theorie Y), wie würde das Unternehmen abschneiden? Spiegeln einzelne Einheiten des Unternehmens verschiedene Annahmen?
- Sehen Sie bei Mitarbeitern und Managern ein Entwicklungspotential oder glauben Sie, man müsse sie nach ihren Eigenschaften aussuchen? Welche Eigenschaften lassen sich ausbauen, welche nicht?

Systemische Elemente der OE

Unterschiedliche Überzeugungen über die menschlichen Beziehungen, die Kulturen unterscheiden

Orientiert sich die Gesellschaft an der Gruppe oder Gemeinschaft oder am Individuum?
Wer muss Opfer bringen, wenn sich die Interessen des Einzelnen und der Gemeinschaft nicht decken?

Unternehmen, die den Schwerpunkt auf Loyalität und Engagement bzw. auf individuelle Freiheit und Autonomie legen, spiegeln solche Annahmen.
Man kann demgegenüber Teamarbeit theoretisch noch so sehr befürworten, praktiziert wird sie nur dort, wo das gesamte Team verantwortlich ist und insgesamt bezahlt und belohnt wird.

Annahmen über Realität und Wahrheit

In manchen Unternehmen beherrschen moralische und religiöse Prinzipien wirtschaftliche Entscheidungen, zum Beispiel, wenn eine Firma prinzipiell keine Schulden macht.

Annahmen über Zeit und Raum

Kulturelle Annahmen über Zeit und Raum sind am schwersten zu entschlüsseln, spielen aber die größte Rolle, wenn man bestimmen will, wie wohl man sich in einer gegebenen Umgebung fühlt.

Pünktlichkeit kann beispielsweise in Unternehmen verschiedene Bedeutungen haben.

In romanischen Ländern kann es schon mal modisch und angemessen sein, wenn man zu spät kommt, in nordeuropäischen Ländern dagegen eine Beleidigung.
Unterschiedliche Auffassungen gibt es auch, wenn Mitarbeiter sehr früh zur Arbeit kommen und spät gehen: In der einen Kultur gilt das als Zeichen hohen Engagements, in der anderen als Zeichen mangelnder Effizienz.

Auch der Raum hat symbolische Bedeutung. Eine offene Büroarchitektur vermittelt implizit den Anspruch auf problemlose Kommunikation der Mitarbeiter, während private Büros und geschlossene Türen das Bedürfnis symbolisieren, Dinge allein zu durchdenken.

Die Platzierung von Büros und Schreibtischen symbolisiert Status und Rang.
Je höher der Rang, desto höher auch das Stockwerk, indem sich das Büro befindet, und desto stärker die psychischen Barrieren, die Privatheit garantieren.
In vielen Unternehmen entsprechen Standort und Größe der Büros genauso dem Status wie die Möblierung.

Kann man die Kultur einer Organisation messbar machen?

Es gilt zuerst die unausgesprochenen Annahmen sichtbar und bewusst zu machen.
Diese Erhebung bedarf kommunikativer Meisterschaft, kein Fragebogen kann dies leisten, was persönliche Gespräche erkennen können.

Resümee

Führung sollte ernsthaft vorhaben, die Kultur in einem Unternehmen zu steuern, da Kultur der nachhaltigste Faktor von Unternehmenserfolg ist.
Wenn Sie die Kultur nicht steuern, steuert die aktuell gelebte Form von Kultur Sie, ohne dass Sie sich dessen bewusst sind.
Die wesentlichen Elemente von Kultur wie Werte, Prinzipien, Menschenbild sind unsichtbar. Sie werden als selbstverständlich betrachtet und nicht mehr wahrgenommen, können aber wieder bewusst gemacht werden.

Selbstmanagement – Was bedeutet das?

Selbstmanagement ist die Fähigkeit, die eigene berufliche oder gar persönliche Entwicklung so unabhängig wie möglich von äußeren Einflüssen zu gestalten.
Diese Kompetenz wird in Teilkompetenzen eingeteilt wie zum Beispiel Motivation, Planung, Organisation, Zielsetzung, Lernfähigkeit, Erfolgskontrolle, Feedback, Kommunikation und so weiter.
Synonyme für Selbstmanagement sind unter anderem Selbststeuerung, Selbstregulierung Selbstführung und dergleichen.
Kein Autor wie Steven R. Covey hat die Selbstmanagement Literatur durcheinander gewirbelt.
Er unterschied verschiedene Generationen des Selbstmanagement, die erste Phase war seiner Unterscheidung nach die persönliche Arbeitsorganisation durch eigenes Zeitmanagement. Tatsächlich waren Zeitplaner, der so genannte Organizer, Kalender aller Art, Checklisten und To-Do-Listen die großen Renner der Arbeitsabläufe und der Produktivität.
Die nächste Generation des Selbstmanagement waren sinnvolle Planung und Vorbereitung von Aufgaben, Projekten, Sitzungen, Meetings und dergleichen.

So dann standen in der dritten Generation die persönlichen Werte und Ziele im Fokus, die das Arbeiten bestimmen sollten. Es ging um die Rangfolge von Zielen und Werten, um die Festlegung von Prioritäten, um die Aufteilung der Aufgaben nach Dringlichkeit und Wichtigkeit, um das Delegieren von Aufgaben.

Die vierte Generation war ein Quantensprung, denn es ging plötzlich nicht nur um die Arbeit sondern um Lebensqualität des Individuums.

Dagegen scheint jetzt die fünfte Generation vollständig sinnentleert und handelt von Volition und Umsetzungskompetenz, so richtig weiß niemand, wo das Individuum mit seiner Sinnbestimmung bleibt.

Sich selbstständig sinnvolle oder authentische Ziele zu setzen, kann ja wohl unmöglich in einem Libertinismus oder einer Scheintoleranz enden, die alles zuläßt, was sich Menschen hedonistisch ausdenken.

Auf den Punkt gebracht, befasst sich Zeitmanagement immer noch mit den Techniken, die Zeit und Zielplanung eines jeden Individuums umfassen.

ZEITMANAGEMENT UND SELBSTMANAGEMENT

Ist das Zeitmanagement im engeren Sinne mehr dafür gedacht, die im Berufsleben anstehenden Termine und Aufgaben zu koordinieren und zu planen, geht das Selbstmanagement einen Schritt weiter. Es berücksichtigt nicht nur das Arbeitsleben, sondern schlägt eine Brücke zwischen Zeit- und Zielmanagement unter Berücksichtigung auch anderer Lebensumstände wie Familie/Kontakte, Sinn/Kultur und Körper/Gesundheit.

Hat das Zeitmanagement zum Ziel, Zeit effektiv zu nutzen, so verfolgt das Selbstmanagement das Ziel, sich als Person selbst zu managen.

In einer Art "persönlichen intensiven Gespräch" werden in dieser Richtung des Consulting auf die individuelle Situationen einer Führungspersönlichkeit in Bezug zum Mitarbeiter eingegangen und folgende Fragenkreise angesprochen:
- Wie wirke ich auf andere und wie werde ich wahrgenommen?
- Was sind meine wirklichen Stärken?
- Was lebe ich noch nicht?
- Welche Verhaltensmuster lebe ich, die mich in meiner Entwicklung hemmen?
- Wie kann ich meine Situation aus einem erweiterten Blickwinkel betrachten und neu bewerten?
- Wie erkenne und verstehe ich eingefahrene, mir typische Verhaltensmerkmale und wie kann ich sie bei Bedarf ändern?
- Was kann ich konkret tun, um meinen Weg zu erkennen und mein Ziel zu erreichen?

COACHING DER VIERTEN GENERATION

Coaching oder Seminare, das ist hier die Frage, frei nach Shakespeare.

Coaching scheint als individuelle Maßnahme der Führungskräfte-Entwicklung häufig zeitaufwendiger als Seminare, die als Gruppenmaßnahmen durchgeführt werden.
Coaching hat aber einige gewichtige Vorteile gegenüber Seminaren.

COACHING VERSUS SEMINAR

SEMINARE

Bei Seminaren, die in Gruppen ablaufen, steht das Erlernen von Techniken im Vordergrund - individuelle Probleme werden allenfalls exemplarisch behandelt.
Üblicherweise werden Seminare in einem zusammenhängenden, teilweise mehrtägigen Block besucht.
Monate nach einem Seminar ist nicht selten zu hören: "Das Seminar war richtig toll! Ich bin ganz motiviert wieder ins Büro gegangen und wollte die Techniken umsetzen... aber im Tagesgeschäft kam ich nicht dazu. Eigentlich mache ich fast alles wieder wie vorher."

COACHING

Coaching ist eine Unterstützung bei einem Entwicklungsprozess bei dem ein Individuum unterstützt wird, spezielle spezifische private oder berufliche Kompetenzen zu erreichen, um Resultate und Ziele zu generieren.
Es braucht die Fähigkeit, das Bewusstsein zu entwickeln und in ihm zu leben, um sich der Angst vor dem Unbekannten zu stellen, wenn sich die Ziele verändert haben oder keinen Sinn mehr ergeben und wenn die uns treibenden Werte andere geworden sind.

In dieser Situation kann der Coach und Mentor das Erleben der neuen Lösung vereinfachen. Ein Manager stellt sicher, dass die Menschen das machen, von dem sie wissen, wie man es macht. Ein Trainer lehrt die Menschen, etwas zu machen, von dem sie nicht wissen, wie man es macht. Ein Mentor zeigt Menschen, wie sie etwas machen können, in dem sie wirklich gut sind. Ein Coach macht nichts von alldem, ein Coach macht etwas ganz anderes – ein Coach hilft den Menschen, ihre innewohnenden Fertigkeiten und Fähigkeiten zu identifizieren und befähigt die Menschen, diese im Rahmen ihrer Möglichkeiten auch zu gebrauchen, anzuwenden, zu verwenden.

Aus unserer Erfahrung wird neues Wissen eher dann umgesetzt, wenn eine prozessorientierte Begleitung über einen immer wieder auf den Einzelfall zu definierenden Zeitraum stattfindet. Das spricht gegen Seminare und für Coachings. Üblicherweise werden Seminare in einem zusammenhängenden, teilweise mehrtägigen Block besucht, was in dieser Hinsicht eher verteilt stattfinden sollte.

Bei Coachings, die in mehreren Sitzungen stundenweise im Vieraugen-Gespräch - bei gemeinsamen Problemen auch in Kleingruppen - stattfinden, legen wir auf eine integrierte Betrachtung wert und gehen vom individuellen Problem aus. Stärken und Schwächen werden betrachtet, blinde Flecken aufgedeckt und Denkblockaden aufgebrochen.
Von dort aus unterstützen wir unsere Gesprächspartner in einer Art 'Hilfe zur Selbsthilfe', die für sie richtige Lösung zu finden. Bei Bedarf werden dafür ähnlich wie im Seminar einzelne Techniken (z.B. aus dem Konfliktmanagement, der Kommunikationspsychologie, der Teamentwicklung, der Mitarbeiterführung, der Mitarbeitermotivation) gezeigt. Im Unterschied zum Seminar ist hier aber die Technik nur Mittel zum Zweck - nämlich um ein Problem zu lösen. Es wird ganz gezielt die dafür geeignete Technik ausgewählt und auch wirklich angewendet.

Die Coachees erhalten Aufgaben, die sie bis zur nächsten Coaching-Sitzung ca. vier Wochen später umsetzen. Schritt für Schritt kommen Sie weiter und haben Erfolgserlebnisse. So motiviert, rückt das Erreichen des Ziels in greifbare Nähe.

COACHING ODER SEMINAR? - COACHING UND SEMINAR!

Sicherlich spricht nicht alles gegen Seminare. Wenn es um die reine Wissensvermittlung (Fakten, Techniken) geht, können Unternehmen schneller eine größere Mitarbeiteranzahl in Seminaren schulen lassen. Das häufig herangezogene Argument geringere Kosten gilt jedoch nicht für alle Fälle. Was nutzt ein Seminar, das letztlich keine Auswirkungen für das Unternehmen hat. Unternehmen sollten sich mit Möglichkeiten, Wirkungsweise und Effizienz von Coaching vertraut machen, um zukünftig eine bewusste Entscheidung zwischen Coaching oder Seminar oder – was die interessanteste und bewährte Alternative ist – für Coaching und Seminar zu treffen, die in Zusammenhang mit Supervision einhergehen.

COACHING - EIN RESÜMEE

Es ist hinlänglich bekannt, dass Reibungsverluste im Produktionsablauf häufig auf mangelnde Kommunikation und Kooperation zurückzuführen sind. Trotzdem wird noch zu wenig Wert auf die Qualität der Arbeitsbeziehungen gelegt.
Hier ist Coaching mit der Qualifizierung der persönlichen und kommunikativen Handlungskompetenz ein effektives Angebot. Gerade das Zusammenwirken zwischen den Menschen, dem Produkt, das gemeinsam zu erstellen ist und den organisatorischen Rahmenbedingungen, die genauer unter die Lupe zu nehmen sind und der Zusammenarbeit aller Beteiligten, wird der wesentliche Punkt der Intervention von Coaching sein.
„Welche Themen, Fragen, Konflikte oder Probleme sind es, die es uns erschweren, die gemeinsame Aufgabe zufrieden stellend und effektiv zu gestalten?" und „Was soll durch deren Bearbeitung erreicht werden?" sind die Ausgangsfragen von Coaching.

Mit den Fragen nach den Zielen können beispielsweise folgende Inhalte verbunden werden:

KLÄRUNG VON PERSÖNLICHEN FRAGESTELLUNGEN

„Meine" persönlichen Motive, Ziele, Interessen, in diesem Betrieb zu arbeiten; welche Möglichkeiten bietet „mir" der Arbeitsplatz, und welche Ziele vertritt die Organisation? Welche Fähigkeiten und Kompetenzen habe „ich" und wie kann „ich" sie am besten zur Erfüllung der Aufgabe einsetzen?

KONFLIKTE ZWISCHEN MITARBEITERN

„Ich" teile mit einem Kollegen das Zimmer und fühle „mich" so gestört, dass es „mir" schwer fällt, „mein" Arbeitspensum zu erfüllen. „Ich" mache Überstunden, habe Reibereien mit den Kollegen und werde vom Chef angesprochen.

Es braucht zur Vermeidung von Konflikten u.a. einer Analyse der Informationswege, einer Klärung der Informationswege, einer Aufdeckung der Reibungsverluste.

Bei der Überprüfung von Kooperationsabsprachen wird geklärt, welche Aufträge erteilt werden, wie sie umgesetzt werden, ob die Absprachen den Anforderungen entsprechen, wie sie gegeben werden und wie sie beim Adressaten ankommen.

FÜHRUNGS- UND LEITUNGSPROBLEME AUS DER SICHT DER MITARBEITER UND AUS DER SICHT DER VORGESETZTEN

Coaching greift diese Fragestellungen auf und bearbeitet sie anhand des Drei-Dimensionen-Modells: Nachdenken über den persönlichen Anteil (persönliche Dimension), wie sieht die Problemstellung aus der Sicht der Kollegen und der Aufgaben-

stellung aus (aufgabenbezogene Dimension), und welchen Einfluss hat die Organisationsstruktur (situationsbezogene Dimension).
Im Coachingprozess wird dieser Wechselwirkungsprozess betrachtet und reflektiert, und es wird erarbeitet, welchen Beitrag diese drei Dimensionen zur Lösung des Problems leisten können und müssen.

Eine Beziehungsmanagement - Strategie

Verantwortung: „Haben wir das Problem?" oder „Sind wir das Problem?"

Die westliche Industriegesellschaft ist eine verwöhnende Gesellschaft, der Rest der Welt versucht sich nacheifernd in dieser Richtung.
Wir haben es – eine Steigerung nach der anderen scheint immer noch möglich – mit „Haben - wollen - Generationen" zu tun.
Diese „Haben - wollen - Generationen" zeichnen sich logischerweise durch Orientierungslosigkeit aus. Denn in welche Richtung soll menschliches Leben gehen? Was soll der Mensch? Was will er glauben? Was ist der Sinn des Lebens?

Diese Fragen bleiben ohne Antwort!

Diese Fragen müssen jedoch Antworten finden, die zu beobachtende Ver–Antwortungs–losigkeit gegenüber dem eigenen Leben und dem Leben Anderer ist markant.
Beim Versuch alle hindernden Grenzen loszuwerden, hat der grenzenlose Mensch auch die Orientierungsmarken verloren.
Regel oder Ausnahme?

Eng mit der Orientierungslosigkeit sind die Suche und die Sucht nach der Ausnahme verbunden. Bloß nicht in der eher vermuteten als gefühlten; unstrukturierten Masse „untergehen".

Alle menschlichen Konflikte sind Ausdruck von fehlendem oder reduziertem Gemeinschaftsgefühl!

Ist das Gemeinschaftsgefühl Wurzel und Maßstab für unser Handeln?

Entsteht eine beitragende Gesinnung für Familie, Gesellschaft, Ökologie, Welt...?

Die Lehre vom Beziehungsgefühl ist nicht „links" oder „rechts", sie ist eine Grundwahrheit des menschlichen Lebens und jeder weiß es.

Die Symptome fehlenden Gemeinschaftsgefühls sind überall deutlich zu erkennen.
So sind alle Formen der Aussonderung aus der Beziehung zur Gemeinschaft zu beobachten, indem man deutlich anzeigt, dass man nicht zur schnöden Masse gehört.

Einige erklären laut und deutlich, dass man vom Wählen bis zum Spenden keinen Beitrag mehr zu leisten gedenkt.

Man lebt „nur für sich", vom Single – Dasein bis zum meditativen Einsiedler.

Man muss sich ständig belohnen, ob man nun geständig bei Fast – Food- Ketten an die „Boxen" gehen muss, Volksdrogen wie Alkohol oder Zigaretten frönt oder sich mit Fernreisen begnügt. - Sehr beliebt ist die Flucht in die Krankheit.

Ebenso die Flucht in ein „Dasein" auf Kosten anderer.

Oft wird gegen alle Einsicht ein demonstratives Desinteresse an der Umwelt vorgetragen.

Lebensmotto: „Das mute ich dir/euch zu."

All diese Fehl- und Umwege zur Beziehung – und damit persönlichkeitsförderndem Leben – lassen eine kämpferische, entwertende, angespannte, leidende, aggressive und überempfindliche Charakterstruktur entstehen.

Der Mensch, der beziehungsfördernde Maßstäbe an sein Handeln legt, hat folgende Charaktermerkmale: Zeichen von....

weniger Gemeinschaftsgefühl	mehr Gemeinschaftsgefühl
er sondert sich aus	zeigt keine Berührungs-Ängste
gibt wenig von sich Preis	ist offen
leistet keinen Beitrag	zeigt Mut – und Risikobereitschaft
hat kein Vertrauen	ist kritikfähig (gibt seine Fehler zu)
wirkt oft einsam	sieht seinen eigenen Anteil
will Mittelpunkt sein	übt weniger Druck aus
braucht andere Menschen nur als Statisten	benutzt weniger Machtmittel
trägt keine Verantwortung	verzichtet auf Statussymbole
benimmt sich beziehungs-	wirkt ausgeglichen

schädlich/stört	
kommt zu spät	ist spontan
nimmt keine Rücksicht	ist herzlich
lebt für sich und muss sich belohnen	ist locker
macht in „Einsiedlerei"	ist frei
lebt auf Kosten anderer	ist gleichwertig
zeigt kein Interesse an der Umwelt	zeigt einladende Haltung
hat Angst vor Auseinandersetzung	wirkt als Teil des Ganzen
wirkt kämpferisch	ist ermutigend
ist entwertend	ist wohlwollend
ist angespannt	ist bemühend
flüchtet in Krankheit	ist suchend

Das Phänomen der Führung

Führung ist das Handeln, um steuernd und richtunggebend auf das Verhalten von sich selbst und von andern Menschen einzuwirken, um „sein" oder ein abgesprochenes oder gemeinsames Ziel zu verwirklichen.
Die Behauptung, Menschen bedürfen der Führung ist ein „Gerücht", was auf der Unselbstständigkeit von Menschen aufbaut, die selbst verursacht oder gewollt wird.
„Leadership" wird als Begriff in Management-Diskussionen in den letzten Jahren zunehmend populär, da der Begriff „Führung" sinnentleert und mit Management gleichgesetzt wurde. In Deutschland ist der Führungsbegriff außerdem geschichtlich belastet.
Deshalb taucht mit dem Begriff „Leadership" die Summe von Verhaltensweisen auf, die Führung zugeschrieben wurden:
- eine große Organisation zu ihrer Höchstleistung zu führen,
- grundlegenden Wandel zu wagen,
- die Menschen zu befähigen und über Widerstände hinweg zu bewegen,
- alle Elemente der Organisation (Strategie, Kultur, Prozesse, Struktur, Führung, Information und Kommunikation, Leistung und Ergebnisse) konsequent voranzutreiben,
- die Menschen in der Organisation mental und emotional für eine Zukunftsvision zu stimulieren
- eine Verbundenheit über alle Hierarchieebenen hinweg zu bewirken

Leadership gründet auf grundlegenden, persönlichen und charakterlichen Eigenschaften und ethischen Überzeugungen, die der „Gemeinschaft" aller verpflichtet sind.

Nicht das Festhalten an traditionellen Führungsstilen, sondern der individuelle Umgang mit den verschiedenen Führungssituationen zeichnet den erfolgreichen Vorgesetzten aus.
Im „Dschungel" einer sich ständig verändernden Begriffsvielfalt wie Downsizing, Lean Management, Reengineering... muss der Vorgesetzte sich schnell und zuverlässig orientieren können.

Wer auf dem Lebensfeld „Beruf" erfolgreich sein will, muss sich weiterentwickeln, seine Talente optimieren, sein Profil schärfen, ungeliebte Verhaltensweisen verlernen, für sich und die Gemeinschaft Ver–Antwort–ung übernehmen, d. h. auf die Lebensfragen - besonders auf die Gemeinschaft bezogen - Antworten geben, lauten die „fetten" Köder der modernen Personalberatung.
Im Visier stehen nicht nur der Top-Mitarbeiter und die Mitarbeiterin.

Viele Menschen wissen nicht genau, wohin sie auf den drei großen Lebensfeldern des Berufslebens, des Privatlebens und der (heutigen globalisierten Welt-) Gemeinschaft und der damit verbundenen Antwort auf die Frage „Welche Welt hinterlasse ich der nächsten Generation?" wollen.
In „diesem" Bildungsprogramm des Lebens stehen die Realität des modernen Berufslebens und das Menschseins und damit die Renaissance der Selbstfindung für das Individuum und das Gemeinschaftsleben im Mittelpunkt.
Kein Mitarbeiter und keine Mitarbeiterin kann persönliches Glück erwarten, wenn das Streben gegen die Gemeinschaft gerichtet ist.

Der Druck durch Reviews im Job wird für Führungskräfte immer höher.

Ein großer Teil der Kraft, die für Führungsaufgaben da sein soll, wird von nicht wenigen der Menschen in „heimlichen" Berufssicherungstätigkeiten vergeudet.
Die Diskussion um das Für und Wider des »richtigen« oder »falschen« Führungsstils ist so alt, wie die Auseinandersetzung mit diesem Thema.

Wir leben heute in sozialen Ordnungssystemen mit einem Menschenbild geprägt von „Würde" und geistiger Autonomie, sehen also den Menschen als eigenverantwortliches und selbstständig denkendes Wesen, ausgestattet mit einer Vielzahl an rationalen und emotionalen Fähigkeiten.
Als so beschriebenes Individuum hat der Mensch im Bereich seiner privaten und sozialen Lebensgestaltung zunehmend Freiraum und Gestaltungsfreiheit erlangt und weiß diese zu nutzen.

Viele Mitarbeiter laufen privat zur „Hochform" auf, haben anspruchsvolle Hobbys und Interessen, die Organisationstalent und Führungsqualität erfordern. Am Arbeitsplatz aber werden diese Talente kaum genutzt und nicht gefördert.
Wenn Vorgesetzte Kundenzufriedenheit, Betriebsergebnis und Mitarbeiterzufriedenheit optimieren sollen, so gilt es, die „Human-Resources/ Human-Competencies" zu nutzen, das heißt, die Leistungsbereitschaft und die Kreativität von Mitarbeitern durch geeignetes Führungsverhalten zu fördern und zu coachen.

Es stellen sich folgende Fragen:
- Was kann der Mitarbeiter?
- Welche Motive leiten ihn?
- Wie viel Entwicklungspotential steckt in ihm?
- Wie lässt sich Führung in Kommunikation umsetzen?
- Was ist eine Zielvereinbarung?

Systemische Elemente der OE

Führung und Coaching

Führung und Coaching sind zwei unterschiedliche Bereiche, die getrennt, jedoch ergänzend gesehen werden sollten. Aussagen wie „Die Führungskraft als Coach" finden wir problematisch. Warum?

Der Faktor, der zunächst trennt, lautet Hierarchie.
In jeder Führungssituation - und sei sie noch so kooperativ - gibt es hierarchische Abhängigkeiten.
Diese führen bei dem Mitarbeiter zu taktischem und kalkuliertem Handeln. Dies ist auch gut und richtig, denn Mitarbeiter können es sich in nur wenigen Unternehmenskulturen leisten, völlig offen zu sein.

Völlige Offenheit würde den Verlust von Schutz bedeuten. Dies wäre unsinnig, denn irgendwann könnte der Hierarch die Kenntnisse über den Mitarbeiter gegen ihn verwenden.
Das ist kein Angriff auf Führungskräfte, die sehr vertrauensvoll mit ihren Mitarbeitern umgehen, aber - Hand aufs Herz - der Führungsalltag birgt oft Situationen, in denen sich Führungskräfte gegen die Interessen eines Mitarbeiters entscheiden müssen. Ferner ist zu bedenken, dass die Offenheit einseitig wäre. Die Führungskraft wüsste viel vom gecoachten Mitarbeiter - der Mitarbeiter wenig von der coachenden Führungskraft.
So verlockend sich diese Doppelrolle „Führungskraft als Coach" auch anhört, zum Schutz des Mitarbeiters und für ein gutes Coachingergebnis ist eine Trennung der Rollen sinnvoller. Eine Coachingsituation ist eine abhängigkeitsfreie Situation ohne Hierarchie- und Machtstrukturen.

Nur durch diese absolute Freiheit und das sich dadurch ergebende Vertrauen, ist es möglich, dass der Mitarbeiter alle Themen, die für Coachingsituationen wichtig sind, auch ansprechen und behandeln kann.

Schon der geringste Zweifel nach dem Motto „Kann ich das auch sagen" ist hinderlich. Das Vertrauen muss so groß sein, dass jede Aussage, jede Emotion geäußert werden kann.
Dies geht am besten dann, wenn der Coach außerhalb der normalen Hierarchie steht, die Modalitäten über das Verfahren allen klar sind und genauestens eingehalten werden.

EXKURS: DEFINITION VON FÜHRUNG

Führen ist:
- zielgerichtetes, gewolltes menschliches Handeln
- Koordination der Mitarbeiter und Mitarbeiterinnen
- Durchsetzung und Verantwortung der für richtig erkannten Wege
- Das „In-die-Praxis-Umsetzen" von Entscheidungen
- Analyse der Strukturen, Strategien und Probleme
- Ziele setzen
- Informationen beschaffen, entgegennehmen, sammeln, ordnen, verarbeiten (lassen)
- Im Rahmen des Planens Probleme analysieren, Möglichkeiten durchdenken und Wesentliches herausstreichen können, sowie Ideen finden, Prognosen stellen und Alternativen suchen können im Entscheidungsrahmen der Führungstätigkeit
- Entscheidungen reifen lassen können, Entschlüsse fassen, Absichten formulieren und Alternativen aufzeigen können
- Im Rahmen Human Resources und sozialer Führung an Mitarbeiter-Mensch Interesse zeigen, „An-Teil-Nahme" zeigen
- Im Rahmen der Kontrolle nicht - bewertendes Feedback geben können
- Im Rahmen der Motivation informieren, begeistern, Visionen aufzeigen können

SYSTEMISCHE ELEMENTE DER OE

FÜHRUNG DURCH ERFOLGREICHE WEITERBILDUNG UND COACHINGS

„Die wichtigste Zeit im Rahmen einer Fortbildung ist die Zeit danach."

Was bringt das interessanteste Thema, best-gestaltete Flipchart,... wenn alle Erkenntnisse im Seminarraum (ver)bleiben?

Statt Seminare durchzuführen, sollte es das Ziel von Führung sein, „Begleitung" (Coaching und Supervision) in der Praxis zu organisieren.

Die nachhaltigsten Interventionen sind Veränderungsimpulse, die direkt in die Praxis hinein wirken.

Wenn irgend möglich, sollte Führung dafür sorgen, dass Trainer oder Coachs in der Situation vor Ort trainieren und coachen, dort, wo die Teilnehmer sind, sie sollten sich mit den Problemen und Hindernissen direkt im Umfeld auseinandersetzen.

So lassen sich alle Betroffenen direkt miteinbeziehen, Vereinbarungen realistisch treffen, gemeinsame Erlebnisse integrieren, die auch am Ort des Geschehens erinnert werden.

„Geheimnis" und Erfolg eines effizienten Führungsmodells sind die von allen Hierarchieebenen getragenen Leitziele.

Diese Leitziele werden in dem Augenblick aus der Unverbindlichkeit sonstiger „Unternehmensphilosophien" herausgehoben, wenn sie gemeinschaftlich für einzelne Projekte persönlich verkündet werden.

Sie werden in diesem Augenblick „lebendig".

Sie stehen nicht mehr nur auf dem Papier, eine Person erklärt ihren festen Willen und führt.

So werden konkret nach den Auftragsabsprachen Kick-off-Veranstaltungen durchgeführt, in denen alle Hierarchieebenen ihren Willen verkünden, Veränderungen auf allen Ebenen durchzuführen, mit dem Leitziel in gemeinsam-verantwortlichem Miteinander erfolgreicher für Individuum und Mitarbeiter tätig zu werden.

Diese Ziele sind nicht durch das Tagesgeschäft umkehrbar oder beliebig.

Führung: „zu straff" zu „lax"?

Einerseits bestimmen und beeinflussen Faktoren, die mit der Industriegesellschaft gegeben sind die vielgestaltigen Führungsaufgaben, andererseits spielen die Human Resources/Human Competencies eine tragende Rolle.

Hierarchie: vom griechischen Wort „heteros" = verschieden und vom griechischen Wort „archein" = herrschen

Dass hierarchische Systeme ihre Nachteile haben, ist seit der „öffentlichen" Diskussion um „schlanke" Führungssysteme hinlänglich bekannt.
Dass mehrere kleine hierarische Systeme ihre Nachteile haben, wissen wir spätestens, seitdem viele Manager zu diesen Systemen „überliefen".

Weihnachten kommt immer so plötzlich – oder „Ich bin auf meine Führungsaufgaben nicht vorbereitet!

Die Anforderungen durch die Führungsaufgaben wächst mit Hierarchiehöhe.

Je höher eine Führungskraft „steigt", um so weniger ist sie oft in der Lage, die Aufgaben zu bewältigen, um so mehr flüchtet sie in die Basisqualifikation, die sie ursprünglich dahin brachten aufzusteigen.

Was ist in den Unternehmen zu bedenken und zu tun?

Die Schulen hinterlassen nicht erst seit Pisa die offenbare Bildungs-Lücke. Diese Lücke des Wissens und der Bildung zu schließen, soll berufliche Weiter- und Fortbildung am besten im Bereich Personalentwicklung schließen.

Führung oder das „Primus inter pares" – Modell

Diese Führungs-Kultur erfordert mitarbeiterbezogene, partnerorientierte, gemeinschafts-förderliche Unternehmenskultur.

Wesentliche Aspekte sind:

Nach dem Motto „die Treppe wird von oben nach unten gekehrt" muss die jeweils obere Hierarchie-Ebene den „neuen" Geist fördern und unterstützen.
Jeder in einem Unternehmen ist Teil eines Gewebes, eines Beziehungsgeflechtes.
Ein Miteinander löst das Nebeneinander und Nacheinander ab.
Der Umgang ist von einer informellen wie professionellen Kommunikationsfertigkeit geprägt.
Alle Beteiligten sind in konzeptionelle Bearbeitungsphasen eingebunden, adäquat informiert.

Jeder ist psychologisch geschult und begibt sich auf einen individuell abgestimmten Bildungs- und Entwicklungspfad hinsichtlich der Gemeinschaft des Unternehmens im Rahmen einer Globalisierung.

Das Unternehmen schafft hierzu, oder beteiligt sich hierzu an Personalentwicklungsmodellen eines Weiterbildungsmodells, das dem Wesen nach dem „selbsttätigen Lernen" den Vorzug gibt.

Keiner weiß mehr alles.

Ziele, Maßnahmen, Abläufe, Strukturen, Menschen müssen koordiniert werden.

S<small>ITUATIVES</small> F<small>ÜHREN</small>, F<small>ÜHRUNG UND</small> F<small>ÜHRUNGSKOMPETENZ</small>

> *„Die heutige Führungskrise besteht in der Verantwortungslosigkeit so vieler Männer und Frauen in Machtpositionen."*
>
> Dr. Erik Mueller-Schoppen
> „Du kannst nur mit dem Herzen führen", 2009

Um Führung in der Wirtschaft zu definieren, eignet sich ein Vergleich mit der Managementfunktion. Ein Manager ist in führender Funktion angestellt und ist daher nicht der Unternehmer, der gleichzeitig Eigentümer ist. Der Manager ist in angestellter Funktion den Kapitalgeberinteressen verpflichtet.

F<small>ÜHRUNGSKOMPETENZ</small>

Führungskompetenz ist die Fähigkeit leitender Personen in einer Organisation, Führungsaufgaben erfolgreich zu bewältigen. Der Erfolg kann an der Erfüllung der Erwartungen der Kunden, Mitarbeiter, Kapitalgeber und besonders der Öffentlichkeit gemessen werden. (Gemessen heute! an einem Gemeinschaftsgefühl gegenüber der Weltbevölkerung, denn spätestens seit der Globalisierung ist Gemeinschaft immer auch Weltgemeinschaft, somit ist das Zitat im Rahmen einer Wirtschaftsethik vollkommen aktuell, ein Blick über den Tellerrand der „eigenen Organisation" ist unumgänglich, jedoch kaum eine Definition berücksichtigt diesen entscheidenden Faktor.

Managementkompetenz bezeichnet die Fähigkeit, Managementfunktionen wie Planung, Organisation, Führung und Kontrolle gemessen an den Zielen einer Organisation auszuüben. Insofern sind Führungskompetenzen ein Teilbereich der Managementkompetenzen, beide Begriffe werden häufig synonym verwendet. Eine zweite Bedeutung des Begriffs beschreibt die Personen, die diese Aufgaben wahrnehmen und die damit verbundenen Rollen ausüben. Führung soll eine Bewegung und Veränderung bei den Geführten zu bewirken, einen Zusammenhalt zwischen den Geführten herbeiführen und eine Zusammenarbeit zwischen den Geführten zu erbringen. Rollen des Managers nach Mintzberg (1973) sind in 3 Rollenbündel zu klassifizieren:

- **Interpersonale Rollen**: Galionsfigur (engl. figurehead), Vorgesetzter (engl. leader), Vernetzer (engl. liaison)
- **Informationale Rollen**: Radarschirm (engl. monitor), Sender (engl. disseminator), Sprecher (engl. spokesperson)
- **Entscheidungsrollen**: Innovator (engl. entrepreneur), Problemlöser (engl. disturbance handler), Ressourcenzuteiler (engl. resource allocator), Verhandlungsführer (engl. negotiator).

Erfolgreiches Management ohne Führung ist nicht möglich und umgekehrt. Manager müssen führen und Führer müssen managen können. Die Debatte um die ideale Definition der Begriffe führt nicht weiter; aber auch die empirische Forschung hinsichtlich prüfbarer Erkenntnisse in Anbetracht der multidimensionalen Aufgabe zeigt eher belächelte Ergebnisse der Praktiker. So scheint es doch eher eine Kunst zu sein, wie doch immer wieder in „Entspannungsphasen" der Wissenschaft behauptet wird.

Das Wort Kunst bezeichnet im weitesten Sinne jede entwickelte Tätigkeit, die auf Wissen, Übung, Wahrnehmung, Vorstellung und Intuition gegründet ist. Kunst hat sich im Altdeutschen aus dem Partizip zum Verb kunnan, das erkennen, wissen, kennen bedeutet, gebildet. Im engeren Sinne werden damit Ergebnisse gezielter menschlicher Tätigkeit benannt, die nicht eindeutig durch Funktionen festgelegt sind. Es besteht nach vielen empirischen Untersuchungen kein Zusammenhang zwischen Persönlichkeitsmerkmalen der Top-Manager (CEO) und dem langfristigen wirtschaftlichen Erfolg der Unternehmen. Es ist eher irrelevant, ob die Führung charismatisch, visionär, selbstsicher, geduldig, zurückhaltend oder detailorientiert ist. Als wichtig erweist sich vielmehr die Fähigkeit, persönliche Beziehungen über alle Hierarchiestufen und Funktionen hinweg zu unterhalten sowie Probleme und Chancen intuitiv früher als andere zu erkennen.

Auch die teilweise bis heute übliche Praxis, Führungskräfte vorwiegend aufgrund ihrer Fachkompetenz auszuwählen und zu befördern, hat sich nicht bewährt. Diese Erfahrungen führten zum reaktiven Trugschluss, eine systematische, an den Bedürfnissen des Unternehmens ausgerichtete, transparente Führungskräfteentwicklung einrichten zu können, was zu einem Tellerranddenken führt und die globalisierte Welt mit ihren Einflüssen übersehen lässt.

Eine der einflussreichsten Theorien entstand bereits in den 1930er Jahren. Es war das Konzept der Führungsstile. Es wurden der demokratische, autokratische, laissez-faire Stil, der mitarbeiter- oder aufgabenorienterte, partizipative, bürokratische Führungsstil beschrieben. Diese Führungsstile wurden später mit so genannten Reifegraden der Mitarbeiter kombiniert. Je nachdem, wie stark sie engagiert, motiviert oder qualifiziert sind, sollte die Führungskraft unterschiedliche Techniken anwenden, wie zum Belspiel „unterweisen", „delegieren", „partizipieren" oder „überzeugen". So krönte eine der bekanntesten und bis heute verwendete Theorie der „situativen Führung" von Hersey und Blanchard die Entwicklung. Die Tragik will es, dass bis heute keine schlagenden empirischen Belege dafür ausreichen, dass ein bestimmter Führungsstil in der Praxis erfolgreicher ist als ein anderer.

Auch dass bestimmte Persönlichkeitsmerkmale mit Führungserfolg verbunden sind, lässt sich nicht empirisch zwingend nachweisen. Persönliche Eigenschaften wie „visionär", „energisch", „risikofreudig", „leidenschaftlich", „machtbewusst" oder „bescheiden", „empathisch", „fürsorglich", „selbstbewusst" etc. haben Studien zufolge nahezu keinen Einfluss auf den Führungserfolg.

Wesentlich wichtiger scheint uns das konkrete, beobachtbare Verhalten der Führungskraft, wie es zum Beispiel im Modell der Transformationalen Führung von Bass und Avolio entwickelt wurde.

Transaktionale und Transformationale Führung

Transaktionale Führung ist immer Transformationale Führung.

Transaktionale Führung bezeichnet ein Führungsmodell, bei dem ähnlich wie bei einer Zielvereinbarung zwischen einer Führungskraft und einem Mitarbeiter erklärt wird – hoffentlich nachprüfbar -, welche Vorteile der Mitarbeiter hat, wenn er die Erwartungen seines Vorgesetzten erfüllt. Diese Transaktion erkennt die Bedürfnisse und Motive der Mitarbeiter und entlohnt diese dafür, dass sie Zielvereinbarungen einhalten, sich an bestimmte Verhaltensregeln halten und die erwartete Leistung erbringen.

Transformationales Führungsverhalten geht darüber hinaus, indem sie den Sinn und die Bedeutung der gemeinsamen Ziele und Ideale verdeutlicht. Alle, Führungskräfte und Mitarbeiter, sind gleichermaßen herausgefordert einen einsehbaren Beitrag zum Erfolg der Organisation und somit zur Verwirklichung der gemeinsamen Aufgaben zu leisten. Eine Operationalisierung erfolgt durch Klärung der Erwartungen, Durchführung korrigierender Maßnahmen zur Sicherstellung der Zielerreichung, Klare Abgrenzung von Zuständigkeiten und Verantwortung. Transaktionale Führung beruht auf dem Prinzip von win-win (Win-win lässt sich nur dann erzielen, wenn kein Interessengegensatz vorliegt und es gelingt, die Interessen zu artikulieren) oder „Leistung" und „Gegenleistung". Es wird der Selbstständigkeit und Selbsttätigkeit von Mitarbeitern auch bei diesem Führungsmodell nicht getraut und so wird die Führungskraft zum Motivator, Coach, Mentor, Inspirator, Vorbild, Manager mit Herz, Teamgeist-Förderer, Innovationscoach, Psychologischen Berater usw. Demnach muss eine erfolgreiche Führungskraft u.a. folgende Aufgaben erfüllen: Vorbild sein, Vertrauen aufbauen, Loyalität gewinnen, sinnvolle Ziele setzen, motivieren Leistungsbereitschaft steigern, zur

Selbstständigkeit und Kreativität anregen ‚Mitarbeiter individuell fördern, persönliche Fähigkeiten und Stärken entwickeln, diese Spezies der „Eierlegenden Wollmilchsau" ist allerdings selten anzutreffen, wenn nicht auch wünschenswert. Allerdings nur letztlich notwendig, weil eine Vertragspartei ihre Versprechungen nicht einhält.

Situatives Führen

Situatives Führen bezeichnet im Rahmen der Kontingenztheorien (von lat.: contingere = zusammen (sich) berühren, (zeitlich unvorhergesehen) zusammenfallen), dass der Vorgesetzte je nach Situation unterschiedliche Führungsstile wählen soll, um erfolgreich zu sein. Die Kontingenztheorie thematisiert in der Führungsforschung vor allem die Abhängigkeit des Vorgesetzten von seinen persönlichen Eigenschaften. Der Begriff Führungsstil bezeichnet ein langfristiges, relativ stabiles, von der Situation unabhängiges Verhaltensmuster einer Führungsperson.

Nach Kurt Lewin (1890 – 1947) unterscheidet man die
- Autoritäre Führung
- Demokratische Führung
- Laisser-faire-Führung

Autoritärer bzw. hierarchischer Führungsstil

Zwischen autoritärem (hierarchischen) und demokratischem Führungsstil gibt es eine große Zahl von Abstufungen bzw. Mischformen.
Dass das demokratische (oder kooperative) Führen nicht immer das Optimum ist, weiß jeder, der Menschen führt. So lag es nahe, die so genannte "Situative Führung", nach der der optimale Führungsstil von der jeweiligen Situation abhängt, zu

entwickeln. Beim autoritären bzw. hierarchischen Führungsstil gibt der Vorgesetzte Anweisungen, Aufgaben und Anordnungen weiter, ohne die Mitarbeiter in ihre Entscheidungsfindung einzubeziehen. Von seinen Untergebenen erwartet der Vorgesetzte Gehorsam und duldet keinen Widerspruch oder Kritik. Die Vorteile dieses Arbeitsstils sind Entscheidungsgeschwindigkeit, Übersichtlichkeit der Kompetenzen, hohe kurzfristige Arbeitsleistung und gute Kontrolle, die Nachteile die mangelnde Motivation der Mitarbeiter, die Einschränkung der persönlichen Freiheit, die Gefahr von Fehlentscheidungen durch überforderte Vorgesetzte, Rivalitäten zwischen den einzelnen Mitarbeitern und Deckelung neuer Talente. Der nur auf den Führenden ausgerichtete, streng hierarchische Führungsstil birgt das Risiko einer Kopflosigkeit, sobald ein wichtiger Entscheidungsträger ausfällt.

DEMOKRATISCHER ODER AUCH KOOPERATIVER FÜHRUNGSSTIL

Bezieht ein Vorgesetzter seine Mitarbeiter in das Betriebsgeschehen mit ein, initiiert er Diskussionen und erwartet sachliche Unterstützung, gleicht er Fehler aus und verzichtet auf Sanktionen, spricht man von kooperativer Führung.
Der kooperative Führungsstil hat seine Vorteile vor allem in der hohen Motivation der Mitarbeiter durch Entfaltung der Kreativität, Förderung der Leistungsfähigkeit, höherer Selbstständigkeit, höherer Identifikation mit dem Unternehmen, offenerer Kommunikationsstrukturen, einer Entlastung des Vorgesetzten und somit auch einer Reduzierung des Risikos einer Fehlentscheidung für das Unternehmen. Ein Nachteil ist, dass die Entscheidungsgeschwindigkeit eventuell verlangsamt bzw. verzögert wird, da Mitarbeiter ausreichend informiert werden müssen, viele Köpfe Ideen produzieren und Mitarbeiter hinreichend qualifiziert sein müssen.

Der "klassische" kooperative Führungsstil basiert grundsätzlich auf einem Top-down-Denken, der zwar Mitarbeiter stärker in die Gestaltung der Geschäftsprozesse einbindet und ihnen gewisse Kompetenzen zugesteht, jedoch keine echten Selbstregelungsprozesse fördert. In der Managementtheorie bedeutet Top-down einen Führungsstil, der die Macht und Autorität des Managers betont, während Bottom-up eher die Rolle des Managers darin sieht, die Arbeitskräfte durch psychologische Hilfsmittel zu überzeugen.

Beim „Enzymischen Management" wird Führung wahrgenommen im Sinne von Anregungen und Coaching, nicht aber im anweisenden und kontrollierenden Sinne, es bilden sich Rückkopplungsprozesse aus, die in einem Orientierungsrahmen für die Miteinanderwirkenden geschehen und erzeugt werden.

LAISSEZ-FAIRE-FÜHRUNGSSTIL

Bestimmen die Mitarbeiter ihre Arbeit, ihre Aufgaben und Organisation selbst, so spricht man vom Laissez-faire-Führungsstil, was u.a. den Vorteil in der eigenständigen Arbeitsweise der Mitarbeiter hat. Allerdings besteht die Gefahr von mangelnder Disziplin, Kompetenzstreitigkeiten, Rivalitäten sowie von Unordnung und Durcheinander.

Führungsstile können also prinzipiell nach der Anzahl der Orientierungsmerkmale des Stils kategorisiert werden:
- Eindimensionale Führungsstile: wie der autoritäre, kooperative, charismatische,...
- Zweidimensionale Führungsstile: man differenziert z.B. nach Aufgabenorientierung und Mitarbeiterorientierung
- Dreidimensionaler Führungsstil: man differenziert nach Aufgabenorientierung, Mitarbeiterorientierung und Reifegrad des Mitarbeiters, woraus sich verschiedene Verhaltensweisen des Führens ergeben.

GRUNDLAGEN DER THEORIE DES SITUATIVEN FÜHRENS

Ein jeweiliger Führungsstil kann von den persönlichen Eigenschaften nicht getrennt werden, da Führungsfähigkeit stark mit Persönlichkeit zusammenhängt. Dies hat letztlich zur Folge, dass eine Führungskraft nur schwer für neue Situationen ausgebildet werden kann, wenn Persönlichkeit oder Charakter als nur schwer veränderbare Variable angesehen werden.

Während universelle Führungstheorien davon ausgehen, dass bestimmte Verhaltensweisen oder Persönlichkeitsmerkmale, wie zum Beispiel Charisma grundsätzlich zum Erfolg führen, behaupten so genannte Kontingenztheorien (Situatives Führen), dass der Führungserfolg auch von den Rahmenbedingungen abhängig ist, in denen sich der Vorgesetzte und sein Mitarbeiter jeweils befinden. Führungserfolg, gemessen als Leistung der geführten Gruppe, ist zweifellos nicht nur vom Führungsstil, sondern auch von Faktoren abhängig wie persönliche Beziehung zwischen dem Vorgesetzten und seinen Mitarbeitern (den Geführten), Aufgabenstruktur (zum Beispiel Schwierigkeitsgrad) oder Positionsmacht des Vorgesetzten.

Auf die Popularität der Idee des "Situativen Führens" kann man aus der Tatsache schließen, dass die Eingabe des Stichwortes „Situatives Führen" in verschiedenen Suchmaschinen im Internet sechsstellige Trefferquoten ergibt. Die Faszination dieses Modells liegt in der, vielleicht nur scheinbaren, Freiheit, je nach Situation nach seinem Gusto entscheiden zu können – ein Grund, dieses Konzept näher zu betrachten.

SITUATIVES FÜHREN NACH HERSEY UND BLANCHARD

Hersey und Blanchard unterscheiden zwischen einem Führungsstil mit Fokus auf Aufgabenerfüllung und einem mehr beziehungsorientiertem Führungsstil. Je nach „Reifegrad" der geführten Mitarbeiter ist ein anderes Verhalten des Vorgesetzten erfolgsversprechend.

Diese Grundbegriffe wurden von Hersey und Blanchard wie folgt definiert:

Bei Aufgabenorientierung gibt der Vorgesetzte detaillierte Anweisung, formuliert klare Erwartungen und Vorgaben im Hinblick darauf, was bis zu einem bestimmten Termin wie erledigt werden muss. Der Vorgesetzte legt großen Wert auf gute persönliche Kontakte, er bietet Unterstützung an, lobt und ermuntert seine Mitarbeiter, die einen bestimmten Reifegrad haben, der eine sachliche und psychologische Dimension hat. In sachlicher Hinsicht streben nach diesem Modell „reife" Mitarbeiter Verantwortung an; sie entwickeln selbstständig ihre Fähigkeiten und ihr Fachwissen. In psychologischer Hinsicht wollen „reife" Mitarbeiter etwas erreichen, sie sind motiviert und engagiert. Weiterhin variiert der Reifegrad mit der zu bewältigenden Aufgabe. Das heißt, dass der eine Mitarbeiter bei einer bestimmten Aufgabe eine hohe Reife demonstrieren kann, während er bei einer anderen Aufgabe eine wesentlich niedrigere Reife aufweisen kann.

Es lassen sich vier wesentliche Verhaltensweisen als Empfehlungen für Vorgesetzte ableiten:
So wird bei einer niedrigen Reife der Mitarbeiter eine hohe Aufgabenorientierung empfohlen. Der Vorgesetzte sollte unterweisen („telling").
Bei Mitarbeitern, die geringe bis mäßige Reifevorweisen , ist es empfehlenswert, wenn der Vorgesetzte einen stark mitarbeiterbezogenen und aufgabenbezogenen Führungsstil gleichzeitig anwendet. Es kommt darauf an, die Mitarbeiter zu überzeugen („selling").
Mäßige bis hohe Reife seiner Mitarbeiter sollte der Vorgesetzte mit stark mitarbeiterbezogener und gleichzeitig weniger aufgabenbezogener Führung beggnen und sie an der Zielsetzung oder an Entscheidungen beteiligen („participating"). „Alte Hasen" benötigen weder eine besondere Zuwendung durch

den Vorgesetzten, noch muss man ihnen detaillierte Vorgaben bezüglich ihrer Aufgaben und ihres Verhaltens machen. In diesem Falle sollte man Verantwortung delegieren („delegating").

Das wissenschaftliche und wissenschaftstheoretische Problem die Validität nachzuweisen besteht darin, dass zentrale Grundbegriffe der Theorie empirisch nicht zu messen oder zu operationalisieren sind und damit auch nicht empirisch zu prüfen sind. Das betrifft die Aufgaben- und Beziehungsorientierung, den Führungserfolg und den Reifegrad der Mitarbeiter. Warum es immer wieder versucht wird, liegt wohl mehr in einem Wissenschaftswahn der Moderne, die ihren eigenen Erfahrungen nicht traut, wenn sie nicht „abgesegnet" sind.
Der Run nach vereinfachenden Modellen der Wirklichkeit und das ist die Aufgabe von Modellen immer, ist auch der scheinbare Verzicht auf Modelle und die Hinwendung zu Schlüsselqualifikationen und Kompetenzen, die bei näherer Betrachtung gut zum Thema eierlegenden Wollmilchsau passen.

Ein Modell ist ein Abbild der Wirklichkeit, eine Verkürzung, die nicht alle Attribute des Originals erfasst, sondern nur diejenigen, die dem Modellschaffer bzw. Modellnutzer relevant erscheinen und relativiert sich durch die pragmatischen Fragen - Für wen?, Warum? und Wozu? - relativiert und somit interpretiert.

Nach Definition der Bildungskommission NRW (1995) sind Schlüsselqualifikationen "erwerbbare allgemeine Fähigkeiten, Einstellungen und Strategien, die bei der Lösung von Problemen und beim Erwerb neuer Kompetenzen in möglichst vielen Inhaltsbereichen von Nutzen sind." Sie sind daher kein Fachwissen, sondern ermöglichen den kompetenten Umgang mit fachlichem Wissen. Sie lassen sich in folgende Kompetenzbereiche einordnen: Sozialkompetenz, Methodenkompetenz,

Selbstkompetenz, Handlungskompetenz, Medienkompetenz. Sozialkompetenz befähigt dazu, in den Beziehungen zu Menschen situationsadäquat mittels Kommunikationsfähigkeit, Kooperationsfähigkeit, Konfliktfähigkeit, Einfühlungsvermögen (Empathie) und „Emotionaler Intelligenz" zu handeln. Methodenkompetenz, d.h. die Kenntnisse, Fertigkeiten und Fähigkeiten, die es ermöglichen, Aufgaben und Probleme zu bewältigen, durch die Auswahl, Planung und Umsetzung sinnvoller Lösungsstrategien, setzt sich aus Analysefähigkeit, Kreativität, Lernbereitschaft, Denken in Zusammenhängen, Abstraktem und vernetztem Denken und Rhetorik zusammen. Selbst- oder Humankompetenz drückt sich aus in Fähigkeiten und Einstellungen aus, wie Leistungsbereitschaft, Engagement, Motivation, Flexibilität, Kreativität, Ausdauer, Zuverlässigkeit, Selbstständigkeit, Mobilität, Anpassungsfähigkeit und Belastbarkeit. Die Schnittmenge dieser 3 Kompetenzbereiche ist die individuelle Handlungskompetenz einer Person. Nutzung, Auswahl, Gestaltung, Analyse und Bewertung digitaler und sonstiger Medien machen die Medienkompetenz aus.

LITERATUR

- Maren Fischer-Epe, F. Schulz von Thun: Coaching. Miteinander Ziele erreichen. Rowohlt, Reinbek bei Hamburg 2004.
- Regina Mahlmann: Einzel-Coaching: Kompetenz entwickeln, Beltz Verlag, Weinheim.
- Björn Migge: Handbuch Coaching und Beratung. Beltz, Weinheim 2007.
- Valentin Nowotny: Praxiswissen Coaching. Grundlagen, Methoden, Qualitätskriterien und Erfolgsfaktoren. VDM Verlag Dr. Müller, Berlin.
- Sonja Radatz: Einführung in das systemische Coaching. Carl Auer, Heidelberg 2011.
- Martina Schmidt-Tanger, Thies Stahl: Change Talk. Coachen lernen – Coaching-Können bis zur Meisterschaft. Junfermann, Paderborn 2007.
- Martina Schmidt-Tanger: Gekonnt coachen. Präzision und Provokation im Coaching. Junfermann, Paderborn 2011.
- Suzanne Grieger-Langer: Die 7 Säulen der Macht. Junfermann, Paderborn 2005.
- Babal Kaweh: Das Coaching-Handbuch. VAK, Kirchzarten bei Freiburg 2005.
- Monika Treppte: Coaching mit Alien. jyooti, Füssen 2009.
- Thomas Dietz, Ingeborg Dietz: Selbst in Führung. Wege zur Selbstführung in Coaching und Selbst-Coaching. Junfermann, Paderborn 2007.
- Warren Blank u. a.: A Test of the Situational Leadership Theory. In: Personal Psychology, vol. 43, 1990.
- F. E. Fiedler: A Theory of Leadership Effectiveness. New York 1967.
- P. Hersey, K. Blanchard: Management of Organizational Behavior, 4th ed. New York 1982.

- Barry-Craig Johansen: Situational Leadership: A Reviews of the Research. In: Human Resource Development Quarterly, Vol. 1, No. 1, 1990
- N. Nohira et. al.: What Really Works. In: Harvard Business Review, July 2003.
- W. Pelz: Kompetent führen. 2. Auflage, Wiesbaden 2004
- L. v. Rosenstiel: Grundlagen der Führung. In: L. v. Rosenstiel u. a.: Führung von Mitarbeitern, 4. Auflage, Stuttgart 1999.
- R. Stogdill, A. Coons (Eds.): Leader Behavior: Its Description and Measurement. Research Monograph, Ohio State University, 1957.
- G. Yukl: Leadership in Organizations, 6th Edition, New York, 2011.
- Thomas Dietz, Ingeborg Dietz: Selbst in Führung. Wege zur Selbstführung in Coaching und Selbst-Coaching. Junfermann, Paderborn 2007.
- Babal Kaweh: Das Coaching-Handbuch. VAK, Kirchzarten bei Freiburg 2005.
- Eric D. Lippmann: Coaching - Angewandte Psychologie für die Beratungspraxis. 2. Auflage. Heidelberg: Springer.
- Rolf Meier, Axel Janßen: "CoachAusbildung - ein strategisches Curiculum", Verlag Wissenschaft & Praxis Dr.Brauner GmbH 2011.
- K & S - Kommunikation und Seminar, sechsmal jährlich erscheinende Fachzeitschrift, Verlag Junfermann.

Teil 3 FORBILDUNGSANGEBOTE PE A LA COULEUR

Beispiele für Seminare, Workshops oder Vorträge im Rahmen der Personalentwicklung.

KOMMUNIKATIONSTRAINER & COACH

Eine Fachausbildung mit Zukunftsperspektive – für Kommunikationskompetenz in allen beruflichen Situationen!

Kommunikation ist ein wichtiger Schlüssel zum beruflichen Erfolg. Ob bei Bewerbungsgesprächen, in der Teamarbeit und Mitarbeiterführung oder während des Gespräches mit Kunden und Geschäftspartnern; überall ist derjenige im Vorteil, der durch kommunikatives Handeln seine eigenen Interessen durchzusetzen versteht.
Ergreifen sie die Gelegenheit! Profitieren Sie von ungeahnten Chancen durch bewusste Kommunikation!
Wir zeigen Ihnen in unserer Ausbildung zum Kommunikationstrainer und Coach, wie Sie die eigenen kommunikativen Fähigkeiten sowie die Ihrer Mitarbeiter trainieren, um künftig bessere Ergebnisse zu erzielen.

Ausbildungsinhalte
1) Kommunikationspsychologie
2) Kommunikative Empathie/aktives Zuhören
3) Rhetorik
4) Überzeugungskompetenz und kommunikative Motivation
5) Führung durch Gruppenkommunikation
6) Schlagfertigkeit und Toleranz

Ziele
Kommunikation gezielt einsetzen, um erfolgreich im Team zu arbeiten. In Gesprächen oder Verhandlungen psychologisch richtig agieren. Kreative Strategien zur Problemlösung entwickeln und umsetzen. Die eigene Beratungsfähigkeit verbessern. Überzeugend und unterhaltsam präsentieren.

PSYCHOLOGISCH-SYSTEMISCHER INDIVIDUALCOACH

Eine Fachausbildung mit Zukunftsperspektive - für Menschen mit Gespür für Veränderungen!

In einer sich ständig wechselnden Organisationsstruktur bedarf es Fachkräfte, die den permanenten Wandel unterstützend begleiten und psychologisch coachen. Als Psychologisch-Systemischer Individualcoach werden Sie in der Lage sein, Chancen und Risiken des organisatorischen Wandels abzuwägen und Konflikte und Probleme frühzeitig zu erkennen.

Werden Sie zum Allrounder! Erwerben Sie sich ein Plus für jede Bewerbung!
Moderne Unternehmen suchen die Allrounder, psychologisch und systemisch denkende Fachleute mit Lebenserfahrung und handfester Berufsausbildung. Als Führungskraft können Sie in

unserer Fachausbildung zum Psychologisch-Systemischen Individualcoach eine wertvolle und einzigartige Zusatzqualifikation erwerben, die Ihnen bei jeder Bewerbung einen Vorteil einbringt.

Ausbildungsinhalte
1) Organisationsverständnis und Organisationsentwicklung
2) Organisationsdiagnose – Kultur und Entwicklungspotential
3) Projekte und Teams moderieren
4) Prozessbegleitung und Supervision – Person, Rolle und Verhalten
5) Umgang mit Widerstand und Konflikten in Veränderungsprozessen

Ziele
Entwicklungspotentiale in Unternehmen erkennen. Chancen und Risiken einer Veränderung abwägen. Entwicklungen und Projektarbeiten psychologisch begleiten und coachen. Störungen in Systemen erkennen und praktische Lösungsstrategien entwickeln.

TRAINER FÜR WORK-LIFE-BALANCE

Eine Fachausbildung mit Zukunftsperspektive - denn kurieren, von lat. curare, Sorge für jemanden tragen, heißt vermeiden, dass die Gesundheit überhaupt gestört wird!

Erschöpfung und Überbelastung sind weiter um sich greifende Probleme der modernen Arbeitswelt. Berufliche Überforderung kann das Verhältnis der Lebensbereiche Arbeit – Sinn – Entspannung soweit aus dem Gleichgewicht bringen, dass ernsthafte Folgen für die psychische und physische Gesundheit des Menschen entstehen können. Für das Unternehmen bedeutet dies: erhöhte Fehlzeiten und verminderte Leistungsfähigkeit des Mitarbeiters. Deshalb steuern Unternehmen bewusst gegen diesen Trend und setzen dabei auf Führungskräfteentwicklung im Sinne betrieblicher Gesundheitsförderung und eines Work-Life-Balance-orientierten Personalmanagements.

Für Menschen, die Verantwortung für andere übernehmen wollen!
Wenn Sie ein ausgeprägtes, empathisches Verantwortungsgefühl gegenüber anderen Menschen haben, zum Beispiel mit Sorge betrachten , wie einer Ihrer Mitmenschen unter Überbelastung und Stress leidet ohne gegensteuern zu können, dann ist unsere Fachausbildung zum Trainer für Work-Life-Balance genau das richtige für Sie. Hier erhalten Sie eine effektive Methodik und effiziente Strategien an die Hand, um Stress und Überbelastung bei sich selbst und anderen rechtzeitig zu erkennen und die Lebensbalance wieder herzustellen.

Ausbildungsinhalte
1) Grundlagen der Psychologie und Menschenkenntnis.
2) Gesundheit und Krankheit: Theorien und Definition.
3) Prävention psychomentaler Beanspruchungen und Belastungen.
4) Wertschätzende Kommunikation als Führungsinstrument.
5) Motivationsstrategien für den Arbeits- und Gesundheitsschutz.
6) Ausgewogenes Lebensmanagement.
7) Konfliktmanagement.
8) Gesunde Führungsstile.
9) Körperbewusstsein und Gesundheit.

Ziele
Die künftigen Work-Life-Balance Trainer sollen in ihrem KMU-Betrieb als kompetente Ansprechpartner, Verantwortliche

zum Thema Gesundheit und Gesundheitsförderung eingesetzt werden.
Der Lehrgang qualifiziert die Teilnehmer dahingehend, dass die Gesundheitsförderung bzw. der Gesundheitsschutz im Unternehmen ganzheitlich erfasst, koordiniert und im Sinne eines betrieblichen Gesundheitsmanagements mit nachhaltigem ökonomischem Nutzen im Unternehmen eingeführt werden kann.

Psychologie der Rhetorik

Featuring - Schlagfertigkeit: Verteidigung oder Aggression?
Ein Seminar für Kommunikationskompetenz in schwierigen Situationen.

Wollen sie sich an ein Gespräch gern erinnern?
In diesem Seminar finden sie Rezepte, Übungen und vor allem ganz viele Beispiele dazu. Keine Egomanie, Einübung in Machtkämpfe, sondern humane kommunikative Selbstverteidigung, wenn es nötig ist. Souveräne Antworten bei unlauteren kommunikativen Angriffen. Ohne Werthaltungen geht das nicht.

Rhetorik und Schlagfertigkeit ist tatsächlich erlernbar, wenn sie einem nicht in die Wiege gelegt wurden. Sie lernen, wie Sie auf Verbalattacken witzig reagieren, geschickt ausweichen oder mit einem Gegenangriff kontern können.

Ausbildungsinhalte
1) kritischen Fragen bei Präsentationen
2) Pauschalvorwürfe kontern
3) Beschuldigungen und Vorwürfen entgegnen
4) 100% Strategien
5) Wie Sie in defensiven Situationen die Gesprächsinitiative zurückbekommen

6) Überzeugen und wehrhaft bleiben
7) Die Kunst der Beweisführung
8) Glasklar richtig stellen, statt sich zu rechtfertigen
9) Die elegante Art 'Nein' zu sagen
10) Die Betonung beherrschen
11) Fragen begegnen
12) Menschen verblüffen und verzaubern
13) Die Kunst der Bildersprache
14) Hypnose und Co

Ziel
Mehr Schlagfertigkeit in kommunikativen Situationen, Souveränitat bei Verbalattacken, Gespräche selbst konstruktiv steuern können, statt bloß zu reagieren.

PSYCHOLOGISCHER TRAINER & COACH

Systemisch-Psychologischer Managementtrainer und Individualcoach - Eine Fachausbildung mit Zukunftsperspektive - für Menschen, die verändern wollen!

Die wichtigste Ressource eines Unternehmens ist der Mitarbeiter, seine Motivation, seine Kreativität, seine Leistungsbereitschaft. Kein erfolgsorientiertes Unternehmen kann es sich dauerhaft leisten, diese Ressource zu vernachlässigen.

Das große unternehmerische Rätsel besteht darin, diese Ressourcen nutzbar zu machen. Dazu reichen die auf Hochglanzpapier gedruckten, mit den allerschönsten Phrasen ausgestatteten Firmenphilosophien oder die zahlreichen Betriebsausflüge längst nicht aus.
Stattdessen wächst die Nachfrage nach psychologisch geschulten, systemisch denkenden Fachkräften, nach Trainern und Coaches, permanent an. Sie werden zunehmend als zentraler

Schlüssel des wirtschaftlichen Erfolges erkannt. Die Aufgabe eines Trainers besteht darin, die Effizienz des Mitarbeiters zu steigern, besonders durch erweiterte Integration der persönlichen Ziele im Rahmen der Unternehmenszielsetzung. Als zertifizierter Trainer und Coach haben Sie deutlich höhere Chancen bei Bewerbungen und sichern nachhaltig Ihre Produktivität im Unternehmen.

Auszug aus den Ausbildungsinhalten
1) Kommunikation, Soziale Intelligenz und Überzeugungskompetenz
2) Motivationskompetenz und Personalkompetenz
3) Effektive Teamarbeit, Selbsterfahrung und Sozialkompetenz
4) Psychologische und Emotionale Intelligenz und Menschenkenntnis
5) Mediations- und Konfliktmanagementkompetenz
6) Coaching, Selbstmanagement und Humankompetenz
7) Führungskompetenz, Handlungskompetenz und Supervision
8) Moderations-, Präsentations-, Methoden-und Medienkompetenz
9) Gesundheits- und Fitnesskompetenz

Ziel
Unsere Fachausbildung macht Sie fit für die Anforderungen, die heute an einen Trainer und Coach gestellt werden. In neun Modulen erhalten Sie theoretische Grundlagen und praktische Methoden an die Hand, um Führungskräfte oder Ihre Mitarbeiter erfolgreich zu trainieren und zu coachen.

Geschwister- und Familienkonstellation

Ein lebenslang prägendes Ereignis - Ein Vortrag

Eltern, egal ob von Einzel- oder Geschwisterkindern, sind in der Verantwortung, für ein Umfeld zu sorgen, in dem empathisch psychosoziale Kompetenz entstehen und sich entwickeln können. Wie dies zu betrachten und zu gestalten ist, wenn der Elternpart selbst unter geschwisterlichen Konflikten leidet/litt, wird im zweiten Teil des Vortrags dargelegt.

Welche Bedeutung Geschwister im Erziehungsprozess haben, wird eindrucksvoll und spannend beschrieben. Auch die Position des Einzelkindes wird als eine psychologisch spannende Beziehung erklärt.

Es wird den Zuhörerinnen und Zuhörern bewusst, dass Familienkonstellationen uns lebenslang beeinflussen.

Zweistündige Reise zum Ich.

Zeitmanagement & Selbstmanagement

Ein Seminar für mehr Leichtigkeit und Zufriedenheit in Beruf und Privatleben.

„Mir läuft die Zeit weg!", „Ich mache alles auf den letzten Drücker!" „Wann soll ich all die Aufgaben erledigen?" „Ich weiß nicht mehr, wo mir der Kopf steht vor lauter Terminen!"

Für viele Menschen ist ihr hektischer, mit Stress beladener Arbeitsalltag belastend, immer mehr werden ernsthaft krank.

Wie Sie den Überblick behalten, Zeit für die wichtigen Aufgaben und Ziele durch professionelles Zeitmanagement schaffen und smehr Zeit für die schönen Dinge des Lebens haben, lernen Sie in diesem Seminar. Wer plant, vermeidet Zeitverschwendung schon auf dem Papier. Und wenn nicht jetzt, wann dann?

Zeitmanagement beschäftigt sich mit Problemen, die eine große Anzahl von Aufgaben und Terminen mit sich bringen, wenn die zur Verfügung stehende Zeit begrenzt ist. Das Zeitmanagement liefert Strategien und Techniken, die es Ihnen ermöglichen, Ihre private und berufliche Zeit eher für die Dinge zu nutzen, die Sie gerne tun. Das Ziel des Zeitmanagements ist, erfolgreich zu sein und gleichzeitig Stress und Druck abzubauen. Der Begriff Zeitmanagement ist eine irreführende Bezeichnung, da die Zeit ganz unabhängig davon vergeht, was wir in dieser Zeit tun. Das einzige, was Sie managen können, sind Sie selbst!

Konkrete Werkzeuge und Techniken für effektives Zeit- und Aufgabenmanagement verhelfen Ihnen in diesem Seminar zu mehr Leichtigkeit und Zufriedenheit in Ihrem Leben, um Ihre Potentiale voll ausschöpfen zu können. Wirksame und verblüffend einfache Arbeitstechniken entlasten und schaffen Freiraum. Lernen Sie, Prioritäten gekonnt zu setzten und Ihren Arbeits- Alltag effektiv zu strukturieren. Was Sie im Umgang mit sich und Ihrer Lebens-Zeit im Berufsfeld, in Partnerschaft und Gemeinschaft brauchen, ist ebenso Thema, wie der Umgang mit persönlichen Zeitdieben. Schwerpunkt des Seminars ist die aktuelle Generation des Lebens-Zeitmanagements, in dem Ihre Lebensqualität, Ihre Motivation im Beruf, Ihr erfülltes Privatleben und Ihr Lebenssinn eine Einheit bilden. Im Seminar werden dazu die bekanntesten in der Praxis bewährten Methoden zu Selbstorganisation, Arbeitstechnik und Zeitplanung vermittelt.

Ausbildungsinhalte

Übersicht verschaffen & Ziele setzen
- Analyse des IST-Zustandes - Situationsanalyse
- Zeit ist Leben! - Das Work-Life-Balance Modell
- Arten von Zielen
- Übersicht verschaffen - Ziel-Mittel-Analyse
- Was wirklich zählt = Effektivität - Sich für die richtigen Ziele entscheiden
- Ziele formulieren & kontrollieren - SMART & GAS

Zeitdiebe eliminieren & Störungen reduzieren
- Ursachen für Zeitverschwendung analysieren
- Ballast abwerfen! - Zeitdiebe und Zeitverschwendung eliminieren
- Arten von Störungen - Innere & äußere Störungen
- Wirkung von Störungen - Der Sägeblatteffekt
- Störungen reduzieren
- Bestimmendes „Nein"-Sagen
- Effektives Delegieren

Prioritäten erkennen & setzen
- Das Chaos vereinfachen - To-Do-Listen & Prioritätenliste
- Bewerten lernen - Die ABC-Analyse
- Minimaler Aufwand, maximaler Ertrag - Das Pareto-Prinzip
- Der Bick für das Wesentliche - Die Eisenhower Methode
- Die wirklich wichtigen Dinge! - Lebensmauer & Lebensglas

Erfolgreich Planen
- Das Parkinsonsche Gesetz
- Tages- und Wochenpläne erstellen
- A-L-P-E-N Methode
- Komplexität reduzieren - Salami-Taktik
- Effizienz erzeugen - Aufgaben bündeln

- Synergien schaffen - Das Angenehme mit dem Nützlichen verbinden
- Abschirmen & regenerieren - Wie man Pausen plant
- Zeitmanagement im Team kommunizieren

Stress abbauen
- Gründe für Stress – Das Transaktionale Stressmodell von Lazarus
- Stress bewusst bewältigen
- Burnout und Boreout vorbeugen
- Innere Blockaden abbauen
- Sich selbst positiv motivieren

Ziel
Aufgaben effektiv und zielgerichtet planen, Druck und negativen Stress vermeiden, Instrumente anwenden, mit denen die Zeit optimal genutzt wird, so dass Erfolg und Zufriedenheit im Vordergrund stehen, mit unvorhergesehenen Ereignissen umgehen und diese in das Zeitmanagement integrieren können, Kenntnis der inneren Prozesse, die die Erreichung von Zielen behindern und Wissen, wie man diesen entgegenwirken kann, Work-Life-Balance.

ERFOLGREICHE MODERATIONEN & MITARBEITERBESPRECHUNGEN

Sie möchten in Ihrem Team eine konstruktivere Arbeitsatmosphäre schaffen, in der wieder mehr an einem Strang für gemeinsam definierte Ziele gearbeitet wird?

Und gleichzeitig die Motivation und Eigenverantwortung Ihrer Mitarbeiter erhöhen, so dass Sie wieder mehr Zeit für Ihre Aufgaben haben, statt ständig das Gefühl zu haben, dass Sie alles und jedem (nach)kontrollieren müssen? Sie möchten souverän und entspannt eine Gruppe anleiten und Ihre eigenen Ziele und die der Gruppe effektiv vorantreiben?

Moderation ist eine Methode zur Zielabsteckung unter Einbeziehung der Gruppenmitglieder, welche durch einen gemeinsamen Lernprozess die Prozesse nachhaltig unterstützen. Das Beherrschen von Moderationsmethoden gehört zum Standardrepertoire jeder Führung.

Moderationsmethoden werden beispielsweise in der Organisationsentwicklung, in Seminaren und Konferenzen, Kongressen und Tagungen, in Besprechungen und im Projekt- und Qualitätsmanagement sowie in der Erwachsenenbildung eingesetzt.

Moderation zielt darauf ab, die Kreativität der Teilnehmer zu fördern, Ideen für alle zugänglich zu machen und gemeinsam zu Ergebnissen und Entscheidungen zu gelangen, die von der ganzen Gruppe im Konsens getragen und umgesetzt werden. Mit unseren effektiven Moderationsmethoden wird im gesamten Gruppenprozess eine Beteiligung aller Teilnehmer erreicht. Dadurch werden die Motivation und das Engagement der Teilnehmer und Mitarbeiter so erhöht, dass sie gezielt Aufgaben lösen und weitgehend frei, eigenverantwortlich und selbstständig arbeiten. Damit wird erreicht, dass sie nicht nur ihre eigenen, sondern auch die Interessen des Unternehmens verfolgen.

Diese Moderationstrainings und Workshops zeichnen sich durch einen hohen Anteil an Praxisarbeit und Anwendungsaufgaben mit Ihren eigenen Moderationsthemen aus.

Ausbildungsinhalte
- Grundwissen Moderation und Präsentation
- Ablauf und Regeln für die Moderation von Gruppen

- Besprechungen aktiv gestalten: Aktivieren, Moderieren und Ergebnisse sichern
- Grundlagen der Moderationstechniken: Kartentechnik und mehr
- Die moderierte Besprechung: Organisation und Vorbereitung
- Grundlagen schaffen: Moderationsmethode für die Problemlösung eines Themas

Zielgruppe
Teamleiter, Personalverantwortliche, Führungskräfte, die Mitarbeiter strukturierter in Lösungsfindungsprozesse einbinden und Mitarbeiterbesprechungen qualitativ verbessern möchten, Projektmanager und Projektkoordinatoren, Selbstständige, Dozenten

Ziel
In diesem Moderationstraining lernen Sie die Gruppendynamik Ihrer Besprechungsteilnehmer kennen, zukünftig Konflikte früh zu erkennen und nachhaltig zu lösen. Das Training schafft ebenfalls die ideale Grundlage für Problemlösungsrunden.

ACHTSAMKEITS- UND COACHING SEMINAR

Für Führungskräfte und Menschen, die neue (Denk-)Wege gehen und dabei Inspiration und Energie auftanken wollen.

Durch Einzel- und Gruppencoachings, interaktive Vorträge und Achtsamkeits- und Praxisübungen finden Sie Lösungen und wichtige Impulse für Ihre kommenden Herausforderungen und Projekte. Lassen Sie sich nicht vom Alltagsstress und den wachsenden Herausforderungen und Druck treiben, sondern nehmen Sie Ihren Erfolg selbst in die Hand. In diesem Seminar lernen Sie, nicht nur Ihre eigenen Energiequellen zu erschließen und mutig neue Wege zu gehen, sondern auch neue und effektive Lösungen durch Perspektivwechsel zu finden, beispielsweise in den Bereichen:

- Neue Konzepte und Strategien für das Unternehmen entwickeln
- Die Motivation und Kommunikation der Mitarbeiter verbessern
- Stress und Konflikte am Arbeitsplatz vermeiden
- Neue berufliche Wege planen und vorbereiten
- Eigene Ressourcen entdecken und nutzen
- Freude und Sinn in der eigenen Arbeit (wieder-)entdecken

Die Achtsamkeitspraxis ist eine sehr effektive und erfolgreiche Methode nicht nur für einen besseren Umgang mit Stress, sondern auch um mehr Energie, Freude und neue Perspektiven zu erlangen. In Kombination mit Coaching können die Teilnehmer lernen, sowohl die eigene Balance zu festigen und schwierige Herausforderungen der Vergangenheit zu bewältigen, als auch neue Wege und Lösungen für die Zukunft zu finden.

Ausbildungsinhalte
- Einzel- und Gruppencoachings
- Interaktive Vorträge
- Achtsamkeits- und Stressbewältigungsübungen
- (Einführung in) Sitz- und Geh-Meditation
- Wahlweise Qigong, Yoga und/ oder Progressive Muskelentspannung
- Erfahrungs- und Ideenaustausch
- Optional: Wanderungen

Ziel
Aktiv Achtsamkeit im Berufs- und Lebensalltag praktizieren können, die Hintergründe und Ursachen von individuellem

Stress verstehen und effektive Stressbewältigungstechniken anwenden können.

TEAMBUILDING UND TEAMARBEIT

Zukunftsorientierte Unternehmen und Organisationen erkennen in der Qualität von Kooperation und Kommunikation ihren entscheidenden Wettbewerbsvorteil. Nur durch eine effektive Zusammenarbeit der Mitarbeiter kann man die wichtigste Ressource von Unternehmen – die Mitarbeiter – gewinnbringend einsetzen. Kernpunkt der erfolgreichen Teamarbeit ist die offene und intensive Interaktion.

Das Seminar zeigt, wie innovative Teamarbeit funktioniert und wie diese Synergien erzeugt. Es wird anschaulich und konzentriert vermittelt, welche Prinzipien, Haltungen und Merkmale innovative Teamarbeit und kreatives Coaching kennzeichnen und mit welchen Methoden, Handlungs- und Verhaltensweisen dieses Konzept umgesetzt wird. Teamarbeit ist kein Trend, sondern eine elementare Methode für erfolgreiches Miteinander und Wirtschaften.

Zielgruppe sind Führungskräfte aller Ebenen und Bereiche, die in ihrer Organisation eine bessere Zusammenarbeit und eine höhere Leistungsfähigkeit der Teams erreichen wollen. Für Angestellte, Selbstständige und Projektmanager, die viel in Teams arbeiten und die Kooperation mit Kollegen effektiver gestalten möchten, ist dieses Seminar ebenfalls genau richtig.

Ausbildungsinhalte
- Definition von Teamarbeit
- 5 Teambildungsphasen
- 3 Ebenen der Zusammenarbeit
- Teamentwicklung
- Team-Typologien (Spielmacher, Gegenspieler, Mitspieler)

- Merkmale eines guten Teams
- Grenzen von Teamarbeit
- Faktoren, die Teamarbeit fördern (z.B. Teamsymbol)
- Faktoren, die Teamarbeit behindern
- Konflikt-, Feedback- und Rollenverhalten
- Moderationsmethode
- Der Königsweg der Kommunikation

Ziel
Teambildungs-, Veränderungs- und Entwicklungsprozesse erkennen und steuern können. Konflikte in Teams analysieren und konstruktiv lösen. Die Grenzen von Teamarbeit kennen und diese im Arbeitsalltag realitätsorientiert anerkennen.

FACHAUSBILDUNG ZUM SUPERVISOR

"Dieses Seminar mit Workshopcharakter nach der Communitycation®-Methode bietet Therapeuten aller Couleur nicht nur Hilfe bei der Bewusstwerdung der eigenen Rolle und Persönlichkeit, es ist eine Ausbildung zur/zum SupervisorIn und bietet eine Fülle von Übungen und Praxisbeispielen, eine ausführliche Darstellung der Grundlagen der Supervision, eine ausgewogene Mischung methodischer Hinweise und Übungen." (Onlinezeitung Denken-Handeln-Erfolg)

Um die überaus verantwortliche Berufsrolle als Supervisorin/Supervisor ausfüllen zu können und die Rolle der Klienten in Beruf, Ehrenamt oder in Bildungssituationen z.B. als Therapeut, Lehrer, Coach, Mentor, Seelsorger usw. zu reflektieren, bietet die Fachausbildung zur/zum Supervisor/in die notwendigen Grundlagen.

Ausbildungsinhalte
- Gesprächspsychotherapie
- Individualpsychotherapie

- Selbsthypnose
- Geschwister- und Familienkonstellation
- Organisationsaufstellung
- Gruppendynamik
- Themenzentrierte Interaktion
- Rollenspiel
- Psychodrama
- Klientenzentrierung
- Bewusstwerden und Bewusstsein
- Coaching, Mentoring, Training
- Fallbeispiele

Ziele
Lösungsorientierter Blick auf berufliche Problemlagen, Stärkung vorhandener Kräfte, Erarbeitung von Methoden und neuen Handlungsmöglichkeiten, Bewusstwerden der eigenen ethischen Werte und Normen, Kennenlernen der handlungsbestimmenden Persönlichkeitsmerkmale, Finden von Zielen und Strategien.

PSYCHOLOGISCHE/R PROZESSMANAGERIN & MANAGEMENTCOACH

Ausbildung zum/r Psychologischen Prozessmanager/in & ManagementCoach

Psychologisches Prozessmanagement ist nicht nur ein Leitfaden zur Gestaltung prozessorientierter Unternehmen, es ist viel mehr, es ist ein Ansatz zur Einführung, Umsetzung und kontinuierlichen Wahrnehmung des Prozessmanagements, es ist konsequent, es ist praxisorientiert, es ist psychologisch, denn es geht immer um den Menschen.

Heute orientieren sich Management und Unternehmen an Funktionen, an wichtigen Prozessen. Schlagworte in diesem Zusammenhange sind: Vorbereitung der Prozessmodellierung, Strategie und Ordnungsrahmen der Modellierung, Ist-Analyse, Ist-Modellierung, Soll-Modellierung, Prozessoptimierung, Gestaltung einer prozessorientierten Aufbauorganisation und Einführung der Prozesse.

Kaizen - Mittel für langfristige Erfolge im Prozessmanagement: Kaizen ist besonders hinsichtlich der Produktivität, Durchlaufzeiten, Kostensenkung und Reduktion von Ausschüssen erfolgreich. Die größten Stärken von Kaizen liegen im Einbezug aller Mitarbeiter und der Förderung des Verantwortungsbewusstseins der Mitarbeiter, das bei den sonstigen Prozessmanagementmethoden kaum betrachtet wird.
Der positivste Aspekt von Kaizen ist die Mitarbeiter-Schulung, die für alle Unternehmensbereiche große Auswirkungen hat. Dadurch ist Kaizen auch auf die mittel- und langfristige Lösung von Problemen ausgerichtet. Kaizen schafft nachhaltige Lösungen.

Wie Kaizen funktioniert:
Kaizen wird in allen Unternehmensbereichen angewandt und im Unternehmen verankert. Alle Mitarbeiter sind beteiligt und tragen Verantwortung. Die Mitarbeiter werden in Kaizen geschult und leben die japanische Philosophie. Die Führungsebenen unterstützten aktiv die Kaizen-Philosophie. Die Mitarbeiterzufriedenheit, der Ausgangspunkt des Erfolges, führt zu deutlich verbesserter Kundenzufriedenheit. Kaizen definiert sich daher auch durch kleine stetige Veränderungen bis auf die unterste Mitarbeiterebene. Der Ort der Wert-Schöpfung wird geachtet. Kaizen wird nicht als ein Projekt gesehen, das einmaligen Charakter hat, sondern als eine Philosophie, die langfristig die Unternehmenskultur darstellt.

Wenn alle Mitarbeiter aktiv am Kaizen teilnehmen, verschwinden Überproduktion, Wartezeiten, überflüssige Transporte, ungünstige Herstellungsprozesse, überhöhte Lagerhaltung, unnötige Bewegungen und Herstellung fehlerhafter Teile.

Ausbildungsinhalte
- Coaching
- Menschenkenntnis
- Zeit-und Selbstmanagement
- Psychologie der Führung
- Kommunikation und Suggestion
- Ursprung und Entwicklung von KAIZEN
- KAIZEN/Lean Philosophie
- Verschwendung im Produktions- und Servicebereich
- Darstellung der Potenziale
- Strukturierte Problemlösung
- 5S-Kampagne Vorteile der Standardisierung
- Erfolgskontrolle durch Visuelles Management
- Einbindung der Mitarbeiter in den KAIZEN Prozess
- Bedeutung des KVP´s für die Unternehmensentwicklung
- Grundlagen des KVP
- Kernelemente und Werkzeuge des KVP
- Der Paradigmenwechsel
- Denkweisen im KVP
- Die Orientierung am Kunden
- Die Kunden - Lieferantenbeziehung
- Die Orientierung am Ergebnis und Prozess
- Die Orientierung am Mitarbeiter
- Erhalten und verbessern
- Verschwendungen vermeiden

- Die Orientierung am Gesamtsystem
- Die Orientierung an Zielen

Ziel
Kennenlernen und Anwenden der Techniken und Methoden des Kaizen als Mittel des psychologischen Prozessmanagements.

AUSBILDUNG ZUM BUSINESS HEALTH COACH

Als Business Health Coach fördern Sie auf der einen Seite Gesundheit, Mitarbeitermotivation und ein positives Betriebsklima nachhaltig, auf der anderen Seite erhöhen Sie die Produktivität, Produkt- und Dienstleistungsqualität und Innovationsfähigkeit des Unternehmens.

Gesundheit als Führungsaufgabe
Gesunde Mitarbeiter sind produktiver. Diese Erkenntnis setzt sich immer mehr durch, denn Fachkräfte werden knapp und der Altersdurchschnitt in den Belegschaften steigt. Als Business Health Coach tragen Sie durch Ideen, Konzepte, Maßnahmen und Aktionen dazu bei, die optimale Leistungsfähigkeit der Mitarbeiter zu fördern.

Betriebliches Gesundheitsmanagement (BGM) sind konkrete Maßnahmen zur Gestaltung, Lenkung und Entwicklung betrieblicher Strukturen und Prozesse, um Arbeit, Organisation und Verhalten am Arbeitsplatz gesundheitsförderlich zu gestalten, was den Beschäftigten und dem Unternehmen gleichermaßen zugutekommt.

Ziel des BGM ist, psychische Belastungen und Beanspruchungen der Beschäftigten zu minimieren und die persönlichen Ressourcen zu stärken. Durch gute Arbeitsbedingungen und Lebensqualität am Arbeitsplatz werden auf der einen Seite die

Gesundheit, Mitarbeitermotivation und positives Betriebsklima nachhaltig gefördert, auf der anderen Seite die Produktivität, Produkt- und Dienstleistungsqualität und Innovationsfähigkeit eines Unternehmens erhöht.

Als Business Health Coach wirken Sie der steigenden Zahl psychischer Erkrankungen, steigenden Krankenraten und Fehlzeiten am Arbeitsplatz durch effektive Maßnahmen entgegen und sind Dienstleister und Multiplikator für Gesundheit und Wohlbefinden am Arbeitsplatz.

Ausbildungsinhalte
Grundlagen des Gesundheitsmanagements
- Definition – Gesundheit
- Gesundheitstheorien und Salutogenese-Modell der Gesundheit
- Arbeits- & Gesundheitsschutz und Ergonomie am Arbeitsplatz
- Prävention, Prophylaxe und rechtliche Grundlagen der Gesundheitsförderung

Grundlagen der Organisationsentwicklung
- Menschenbilder der Organisationsentwicklung
- Organisationstypen
- Entwicklungsphasen von Organisationen
- Basisprozesse im Changemanagement
- Bedarfsanalyse: Erhebung des BGM Ist-Zustandes in einer Organisation
- Evaluation von Maßnahmen des des BGM
- Projektmanagement

Psychologie und Gesundheit
- Psychische Erkrankungen
- Burnout – und Boreout Syndrom
- Rollentheorie

- Menschenkenntnis und Umgang mit Menschen
- Motivation
- Kommunikation und Gesundheit
- Stressmanagement
- Umgang mit Krisen und Konflikten
- Zeit-Lebensmanagement
- Work-Life-Balance

Physische Gesundheit
- Bewegung und körperliche Fitness
- Entspannung und Methoden
- Gesunde Ernährung

Zielgruppe

Betriebs- und Personalräte, Betriebspsychologen und Sozialpädagogen, Verantwortliche aus dem Personalbereich, Fachkräfte für Arbeitssicherheit, Arbeitsmediziner, Betriebsärzte, Mitarbeiter im Unternehmen, denen die BGM-Aufgabe übertragen wurde, Qualitätsmanagement-Beauftragte

Ziel
Die Weiterbildung zum Business Health Coach qualifiziert die Teilnehmer für organisatorische und koordinative Aufgabenfelder des Betrieblichen Gesundheitsmanagements, auch unter Berücksichtigung wirtschaftlicher Gesichtspunkte. Die künftigen Gesundheitsmanager sollen in ihrer Organisation als kompetente Ansprechpartner und Verantwortliche zum Thema Gesundheit und Gesundheitsförderung eingesetzt werden. Der Lehrgang qualifiziert die Teilnehmer Gesundheitsförderung im Unternehmen ganzheitlich zu erfassen, zu koordinieren und im Sinne eines betrieblichen Gesundheitsmanagements mit nachhaltigem ökonomischem Nutzen im Unternehmen einzuführen. Die Teilnehmer sollen erkennen, welche Maßnahmen es gibt, welche Maßnahmen wann sinnvoll sind,

welche wirtschaftliche Folgen die Gesundheitsförderung hat, welche Personen und Institutionen bei der Umsetzung eine Rolle spielen und wie Gesundheitsförderung kostengünstig und effizient im Unternehmen eingeführt und umgesetzt werden kann.

AUSBILDUNG ZUM
BUSINESS HEALTH COACH AUSBILDER

Als Business Health Coach Ausbilder fördern Sie auf der einen Seite Gesundheit, Mitarbeitermotivation und ein positives Betriebsklima nachhaltig, auf der anderen Seite erhöhen Sie die Produktivität, Produkt- und Dienstleistungsqualität und Innovationsfähigkeit von Unternehmen durch die Weitergabe Ihres gesundheitsrelevanten Wissens an zukünftige Business Health Coaches.

Gesundheit als Führungsaufgabe
Gesunde Mitarbeiter sind produktiver. Diese Erkenntnis setzt sich immer mehr durch, denn Fachkräfte werden knapp und der Altersdurchschnitt in den Belegschaften steigt. Als Business Health Coach Ausbilder tragen Sie durch Ideen, Konzepte, Maßnahmen und Aktionen dazu bei, andere in die Lage zu versetzen, die optimale Leistungsfähigkeit der Mitarbeiter zu fördern.

Betriebliches Gesundheitsmanagement (BGM) sind konkrete Maßnahmen zur Gestaltung, Lenkung und Entwicklung betrieblicher Strukturen und Prozesse, um Arbeit, Organisation und Verhalten am Arbeitsplatz gesundheitsförderlich zu gestalten, was den Beschäftigten und dem Unternehmen gleichermaßen zugutekommt.

Ziel des BGM ist, psychische Belastungen und Beanspruchungen der Beschäftigten zu minimieren und die persönlichen Ressourcen zu stärken. Durch gute Arbeitsbedingungen und Lebensqualität am Arbeitsplatz werden auf der einen Seite die Gesundheit, Mitarbeitermotivation und positives Betriebsklima nachhaltig gefördert, auf der anderen Seite die Produktivität, Produkt- und Dienstleistungsqualität und Innovationsfähigkeit eines Unternehmens erhöht.

Als Business Health Coach Ausbilder wirken Sie der steigenden Zahl psychischer Erkrankungen, steigenden Krankenraten und Fehlzeiten am Arbeitsplatz durch die Vermittlung effektiver Maßnahmen entgegen und sind Dienstleister und Multiplikator für Gesundheit und Wohlbefinden am Arbeitsplatz.

Ausbildungsinhalte
Didaktik
- Menu Präsentation
- Reden halten
- Moderation
- Rhetorik
- Fragetechniken
- Mind-Mapping
- Brainstorming
- systemische Denkweise
- Medien- und Methodenkompetenz
- Seminarplanung
- Kartenmethode

Grundlagen des Gesundheitsmanagements
- Definition – Gesundheit
- Gesundheitstheorien und Salutogenese-Modell der Gesundheit

- Arbeits- & Gesundheitsschutz und Ergonomie am Arbeitsplatz
- Prävention, Prophylaxe und rechtliche Grundlagen der Gesundheitsförderung

Grundlagen der Organisationsentwicklung
- Menschenbilder der Organisationsentwicklung
- Organisationstypen
- Entwicklungsphasen von Organisationen
- Basisprozesse im Changemanagement
- Bedarfsanalyse: Erhebung des BGM Ist-Zustandes in einer Organisation
- Evaluation von Maßnahmen des des BGM
- Projektmanagement

Psychologie und Gesundheit
- Psychische Erkrankungen
- Burnout – und Boreout Syndrom
- Rollentheorie
- Menschenkenntnis und Umgang mit Menschen
- Motivation
- Kommunikation und Gesundheit
- Stressmanagement
- Umgang mit Krisen und Konflikten
- Zeit-Lebensmanagement
- Work-Life-Balance

Physische Gesundheit
- Bewegung und körperliche Fitness
- Entspannung und Methoden
- Gesunde Ernährung

Zielgruppe

Betriebs- und Personalräte, Betriebspsychologen und Sozialpädagogen, Verantwortliche aus dem Personalbereich, Fachkräfte für Arbeitssicherheit, Arbeitsmediziner, Betriebsärzte, Mitarbeiter im Unternehmen, denen die BGM-Aufgabe übertragen wurde, Qualitätsmanagement-Beauftragte

Voraussetzungen: Tätigkeit in einem der o. g. Bereiche oder vergleichbarer Bereiche. Es sind keine fundierten fachlichen Vorkenntnisse erforderlich. Ein Eignungsgespräch ist erforderlich.

Ziel

Die Weiterbildung zum Business Health Coach Ausbilder qualifiziert die Teilnehmer für die Vermittlung organisatorischer und koordinativer Aufgabenfelder des Betrieblichen Gesundheitsmanagements, auch unter Berücksichtigung wirtschaftlicher Gesichtspunkte. Die künftigen Gesundheitsmanager Ausbilder sollen als kompetente Ansprechpartner und Verantwortliche zum Thema Gesundheit und Gesundheitsförderung fungieren. Der Lehrgang qualifiziert die Teilnehmer Gesundheitsförderung im Unternehmen ganzheitlich zu erfassen, zu koordinieren und im Sinne eines betrieblichen Gesundheitsmanagements mit nachhaltigem ökonomischem Nutzen zu vermitteln. Die Teilnehmer sollen mittels didaktischer Methoden vermitteln können, welche Maßnahmen es gibt, welche Maßnahmen wann sinnvoll sind, welche wirtschaftliche Folgen die Gesundheitsförderung hat, welche Personen und Institutionen bei der Umsetzung eine Rolle spielen und wie Gesundheitsförderung kostengünstig und effizient im Unternehmen eingeführt und umgesetzt werden kann.

STRESSMANAGEMENT SEMINAR
GELASSEN UND SICHER TROTZ STRESS

Wir bieten Ihnen effektives Stressmanagement durch modernes Verhaltenstraining in Alltags- und beruflichen Situationen.

Neben Kurzvorträgen zur Vermittlung der theoretischen Hintergrundinformationen stehen im Mittelpunkt des Seminars die Selbsterfahrung mit der Erlernung von praktischen Methoden der Stressbewältigung und deren Reflektion. Die Methoden und Übungen werden unter dem Aspekt des Transfers in den Lebensalltag der Teilnehmer angepasst. Unterstützendes Einzelcoaching wird zusätzlich außerhalb der Seminarzeiten angeboten und kann zusätzlich gebucht werden.

Die Teilnehmer erlangen Wissen und praktische Kompetenzen in folgenden Bereichen

- Gesundheitspsychologische und biologische Grundlagen
- Die 3 Säulen der individuellen Stresskompetenz:
- Instrumentelle Stresskompetenz: Anforderungen aktiv angehen
- Mentale Stresskompetenz: Förderliche Einstellungen entwickeln
- Regenerative Stresskompetenz: Erholen und Entspannen

Ausbildungsinhalte
- Entspannungstraining (Achtsamkeit, Meditation, Progressive Muskelrelaxation, Phantasiereisen)
- Mentaltraining
- Problemlösetraining
- Genusstraining
- Zielklärung

- Zeitplanung
- Quart-A-Strategie für den Akut-Fall

Zielgruppe
Teamleiter, Personalverantwortliche, Führungskräfte
Menschen, die Burn-Out gefährdet sind

Ziel
Eigene Stressoren und stressverstärkende Bewertungen erkennen und aktive Strategien gegen persönlichen Stress entwickeln und anwenden.

Dieser Kurs ist zertifiziert nach §20 SGB V im Rahmen der Primärprävention, und wird von den gesetzlichen Krankenkassen zwischen 60% bis 100% bezuschusst.
Dieser Kurs ist ebenfalls im Rahmen der betrieblichen Gesundheitsförderung anerkannt, und kann als Inhouseseminar durchgeführt werden.

VerkaufsCoach

Verkaufen mit Erfolg und Freude! - Die Kunst des Verkaufs

Unternehmen leben vom Verkaufen. Gleichgültig, wie lange Sie an Ihrem Produkt feilen, von allein verkauft es sich nicht. Auch in Zeiten von Internet, kritischen Kunden und steigendem Konkurrenzdruck gilt: Der Verkauf ist das wichtigste Instrument im Marketing! Doch die alten Verkaufstechniken wirken nicht mehr. Menschen kaufen, wenn sie überzeugt sind und ein gutes Gefühl haben - der gute und professionelle Verkäufer muss heute zum echten Coach des Kunden werden, um diesen überzeugen und positiv emotionalisieren zu können. VerkaufsCoachs sind daher gefragt wie nie zuvor und entscheidend für den Erfolg Ihres Unternehmens.

Zu Ihrer Beruhigung: den "geborenen Verkäufer" gibt es nicht! Um im Vertrieb erfolgreich zu sein, bedarf es Fingerspitzengefühl, Menschenkenntnis und Know-how durch regelmäßige Trainings und Weiterbildungen, mit denen jeder im Verkauf ein erfolgreicher VerkaufsCoach werden kann.

Verabschieden Sie sich von Patentrezepten!
Ein Schlüssel zum Erfolg sind solide Methoden, den Kunden einzuschätzen und angemessen auf ihn zu reagieren. Wie Sie Ihre tägliche Verkaufspraxis erfolgreicher bewältigen und die zwischenmenschliche Kommunikation mit dem Kunden optimieren, wird in diesem Seminar auf verständliche Weise vermittelt. Das Seminar beinhaltet eine Palette von Workshop-Segmenten und Trainingseinheiten, die sofort messbare Verkaufserfolge bringen.

Die von uns ausgebildeten VerkaufsCoachs zeichnen sich durch einige besondere Eigenschaften aus: Authentizität, Begeisterung, Verbindlichkeit, Entschlossenheit und nicht zuletzt: Freude am Verkaufen.

Ausbildungsinhalte
Psychologie des Verkaufs
- Der Käufer ist nicht rational - Psychologische Prozesse der Kaufentscheidung
- Umsatzsteigerung durch Menschenkenntnis - Wie tickt der Mensch & Käufer
- Emotionaler Verkauf - Sympathien wecken & verkaufen
- Zielgerichtet, aber nicht aufdringlich
- Gesprächsziele gemeinschaftlich erreichen
- Tatsächliche Einwände herausfinden
- Effektiver Umgang mit Einwänden
- Effektive Abschluss-Techniken

Verkaufs-Kommunikation
- Erfolgreiche Kommunikation verkauft am besten
- Echtes Interesse am Kunden zeigen
- Informationsbedarf erkennen - verstandene Kunden kaufen
- Sympathie erzeugen - Aktives Zuhören
- Bedürfnisse zielgerichtet herausfinden - Paraphrasieren
- Emotionen zielgerichtet ansprechen - Verbalisieren

Ziel
Erkennen, wie ein Verkaufsprozess passiert, welche Strategie dahinter steckt, wie ein Kunde tickt, welche Motive ihn zum Kauf bewegen. Die Phasen eines Verkaufsgesprächs mit allen Kommunikationstools, die ein VerkaufsCoach beherrschen soll, kennen und anwenden.

KREATIVITÄTSTECHNIKEN

Innovative Ideen und Lösungen nehmen im heutigen globalen Wettbewerb einen immer wichtiger werdenden Stellenwert ein - sowohl um Projekte erfolgreich durchzuführen, als auch um Unternehmen langfristig und nachhaltig zu führen. Innovative Ideen unterstützen uns darin, besser auf Kundenbedürfnisse einzugehen, Problemlösungen zu finden und konkurrenzfähig zu bleiben.

Kreativitätstechniken sind Methoden, die die Kreativität gezielt fördern und eine Umgebung schaffen, in der neue Ideen oder Lösungen entstehen. Qualität und Quantität der entwickelten Ideen und Lösungen sind unter anderem von der jeweils angewandten Methode abhängig.

Ausbildungsinhalte
- Kreativitätsbarrieren erkennen und überwinden
- Kreativität als Prozess verstehen
- Grundregeln der Ideenfindung
- Kreativitätssitzungen professionell leiten (das Team, die goldenen Regeln, Kreativkiller und Moderationshilfen)
- Vorstellung von Kreativitätstechniken

Chaotisch-intuitive Kreativitäts- und Innovationsmethoden
- Brainstorming
- Brainwriting / 6-3-5 als besseres Brainstorming
- Reizwortanalyse zur Provokation von unkonventionellen Ideen

Strukturiert-systematische Kreativitäts- und Innovationsmethoden
- Mind Mapping
- Osborn Checkliste zur Verbesserung bestehender Produkte und Dienstleistungen
- Morphologische Matrix zur Erkundung von Marktnischen
- Kundennutzen-Matrix

Ziel
Verschiedene effektive Kreativitäts-Techniken kennen, um gewohnte Denkmuster zu verlassen und neue Ideen oder Problemlösungen zu entwickeln. Kreativitäts-Techniken auswählen, anwenden und Kenntnisse darüber welche Technik für welche Problemstellungen geeignet ist.

Geschwisterkonstellation, Lebensleitlinien und Erfolg...

Ein Vortrag - mit Einsicht in das eigene Leben
Ob wir Einzelkinder sind, ältere oder jüngere Geschwister haben, ob unsere Eltern und deren Herkunftsfamilien zusammenpassen - diese und andere Merkmale von Familienkonstellationen sind bedeutsam für unsere Entwicklung und unser späteres Leben.

- Wie können Geschwisterbeziehungen entwicklungsfördernd oder -hemmend sein?
- Wie entstehen unbewusste Leitlinien, die den Menschen immer wieder ähnliche Ergebnisse erleben lassen?
- Welche Langzeitauswirkungen auf Partnerschaft oder Beruf haben sie?

Ziel
Die Verstärkung des Wirklichkeitssinns, der Ersatz der latenten Kampfbereitschaft durch gegenseitiges Wohlwollen und die bewusste Entfaltung des Gemeinschaftsgefühls durch den bewussten Abbruch des Strebens nach Macht.

Coaching für's Leben - Lebensbalance - und Lebensglück

Leben wir für die Arbeit oder für die Freizeit?... Raus aus dem Hamsterrad... Einmal Auftanken... Freitag-um-10.00-Uhr-hätte-ich-noch-ein-Zeitfenster... Kind und Karriere - ein Ammenmärchen... Warum ist mir alles zu viel?...

Die Fähigkeit von Menschen schwierige Situationen gesund zu überstehen, Widerstandskraft, Belastungsfähigkeit und Flexibilität sind wichtige Voraussetzungen für Balance im Leben.

Das Coaching ermöglicht es, mit hochkomplexen Alltagsbedingungen, privat wie beruflich, souverän umzugehen: Nicht warten, bis Überbeanspruchung und die Erschöpfung zu groß werden und den ganzen Organismus schachmatt setzen, sondern im Vorfeld die Bremse ziehen, Symptomen auf den Grund gehen, Handlungsspielräume erkennen und Balance im Leben gezielt trainieren.

Innehalten... Standortbestimmung... Pflege des persönlichen Energiehaushalts... innere Antreiber ausbalancieren... Grenzen setzen... Grenzen wahren... Grenzen öffnen... Konflikte aktiv angehen... Handlungsspielräume schaffen... und mehr...

Diskontinuität, schnelle Veränderung, Komplexität und Entscheidungsdruck werden zunehmend unser Leben bestimmen. Welch großartige Chance, uns weiterzuentwickeln! Aber nur, wenn wir sie aktiv ergreifen und uns von den steigenden Belastungen nicht an die Wand drängen lassen.

Inhalt
IndividualCoaching

Zielgruppe
Alle Menschen, die wieder mit voller Kraft durchs Leben gehen wollen, die wissen, dass es nur klug ist, die Führung im Leben wieder selbst zu übernehmen.

Diversity- & Mediationscoach

Lösungsorientierte Förderung von Interkulturellen Lernprozessen

Ob im Beruf, in der Familie oder in der Nachbarschaft: Wes Menschen gibt, gibt es auch Konflikte. Da Auseinandersetzungen und Kontroversen also zum Leben gehören, empfiehlt es sich, Mediations-Kompetenz im Umgang mit diesem allzu menschlichen Phänomen zu entwickeln. Das Ziel der Mediation ist die Lösung eines Konfliktes – möglichst durch den wechselseitigen Austausch über die Konflikthintergründe und mit einer verbindlichen, in die Zukunft weisenden Vereinbarung der Teilnehmer.

Diversity-Management (auch Managing Diversity) bzw. Vielfaltsmanagement wird meist im Sinne von „soziale Vielfalt konstruktiv nutzen" verwendet. Diversity Management toleriert nicht nur die individuelle Verschiedenheit (engl.: diversity) und Ungleichheit der Mitarbeiter und Mitarbeiterinnen, sondern hebt diese im Sinne einer positiven Wertschätzung besonders hervor und versucht sie für den Unternehmenserfolg nutzbar zu machen.

Ausbildungsinhalte
- Einführung in das Diversity
- Wirkungen von Diversity in Organisationen
- Der betriebswirtschaftliche Nutzen von Diversity Management
- Die Bedeutung von Unterschiedlichkeit
- Reflexion des eigenen Umgangs mit Vielfalt
- Mechanismen von Vorurteilen, Stereotypisierung und Diskriminierung
- Vielfalt in Organisationen

- Vielfalt von Werten und Denkmustern: Die Dimensionen von Diversity
- Psychologische Wirkungsmechanismen
- Systemisches Verständnis für den Umgang mit komplexen Situationen
- Erweiterung des Persönlichkeitsprofils: analytische und reflexive Fähigkeiten
- Lernen durch Kommunikation und Interaktion in komplexen Zusammenhängen
- Präventives Konfliktmanagement und Mediation
- Diversivität, Organisationskultur und Führung
- Veränderung der Unternehmenskultur
- Implementierung einer Diversity Management Strategie
- Grundlagen der Mediation
- Konfliktdefinition
- Konflikteskalationsstufen
- Kommunikationsund Verhandlungstechniken
- Kommunikationsstile
- Verhandlunggrundlagen, -stile und -modelle
- Moderationstechnikenund Kreativitätstechniken
- Aktives Zuhören
- Diskussionstechniken
- Umgang mit Hierarchien und Rängen/ Gruppendynamische Prozesse
- Interkulturalität und Internationalität
- Supervision

Ziel

Nachhaltigkeit ist zentrales Lernziel. Es geht in allen Lernmodulen des Seminars darum, ein Bewusstsein dafür zu schaffen, dass die individuellen Anliegen in Bezug auf eine nachhaltige Entwicklung abzuschätzen und anzugehen sind. Die Schaffung eines ökologischen und eines ethischen Bewusstseins sowie von Werten und Einstellungen, Fähigkeiten und Verhaltensweisen ist von entscheidender Bedeutung.

Sozialisations- & Familiencoach

Förderung der sozialen Handlungskompetenz

Sozialisationscoaching ist ein Trainingskonzept zur Förderung der sozialen Handlungskompetenz für ein erfolgreiches Verhalten im Umgang mit anderen Menschen. Hier finden Familientherapeuten, Therapeuten, Supervisoren, Ausbilder, Elterntrainer, Kursleiter für Elternkurse ein grundlegendes Seminar vor, das alltagswirksame Hilfen zur Überwindung nicht nur familiärer Kommunikationsprobleme trainiert.

Auf dem Hintergrund langjähriger Arbeit mit Familien innerhalb der Ehe- und Familienberatung, Erziehungsberatung, der Psychotherapeutischen Praxis, der Arbeit in Elternkursen, der Supervision und der Aus- und Weiterbildung von Familientherapeuten, Familiencoaches und Kursleitern sind diese Übungseinheiten entwickelt worden. Es werden Alltagsthemen, aber auch Tabuthemen behandelt.

Ausbildungsinhalte
- Menschenkenntnis und Entwicklungsphasen
- Geschwisterkonstellation
- Körperhaltung, Mimik & Gestik
- Kommunikationskompetenz
- Gesprächstherapeutische Grundlagen
- Individualpsychologischen Grundlagen
- Förderung von Sozialisationsprozessen bei AD(H)S
- Entscheidungskompetenz
- Persönlichkeitsentwicklung
- Verhalten wahrnehmen
- Verhalten lernen
- Verhalten optimieren

Zielgruppe
Familientherapeuten, Therapeuten, Supervisoren, Ausbilder, Elterntrainer, Kursleiter für Elternkurse und verwandte Personengruppen

Ziel
Stärkung der sozialen Handlungskompetenz für ein erfolgreiches Verhalten im Umgang mit anderen Menschen.

Für die Frau im Führungsalltag

Sie haben eine anspruchsvolle berufliche Aufgabe, die konstant Höchstleistungen und Flexibilität von Ihnen verlangt?!

Im Coaching erarbeiten wir Lösungen für konkrete Herausforderungen aus Ihrem Alltag. Unterstützt werden Sie mit Coach-Übungen, die Sie später selbst mit Mitarbeitern und Mitarbeiterinnen anwenden können.

Die Coachingübungen helfen Ihnen bei der Erhöhung der seelischen Widerstandsfähigkeit, Stärkung der Achtsamkeit und Entspannung.

Im Coaching finden Sie Antworten auf die Fragen:
- Was sind meine Stärken?
- Wie habe ich Krisen bisher gemeistert?
- Was sind weitere hilfreiche Ressourcen?
- Was sind meine Stressfaktoren?
- Wie kann ich in herausfordernden Situationen meine Kraft und innere Stabilität erhalten?

Zielgruppe
Frauen, die mit den täglichen Herausforderungen bewusster, souveräner und gelassener umgehen möchten.

Ziel
Wissen, um die eigenen Stärken und Schwachpunkte, Kenntnis von Coachübungen zur Stärkung der eigenen Widerstandsfähigkeit, mehr Gelassenheit, souveräner Umgang mit anspruchsvollen, beruflichen Aufgaben.

SEMINAR: FÜHRENDE FRAUEN

Im Fokus des Seminars steht die Festigung und Stärkung Ihrer eigenen Führungspersönlichkeit, Ihres Führungsstils und Ihrer Position als Führungskraft.

Sie erarbeiten Ihre konkreten Führungsziele und -wege und entwickeln Sicherheit und Vielseitigkeit in der Gestaltung Ihrer Führungsposition. Mithilfe des Seminars trainieren Sie Ihre Entscheidungsfähigkeit und gewinnen Mut, wichtige Entscheidungen zu treffen. Außerdem erhalten Sie das nötige Feedback zur Optimierung Ihrer Fähigkeiten. Nach dem Seminar können Sie sich gestärkt und selbstsicher Ihren Führungsaufgaben widmen.

Ausbildungsinhalte
- Durchsetzungskraft und Führungskompetenz
- Potenziale gezielt nutzen
- Individual Identity Marketing
- Handwerkszeug für typische Führungssituationen
- Aktives Zuhören
- Erfolgreiche Kommunikation
- AANN-Technik
- Die eigenen Potenziale erkennen und offensiver nutzen
- Stärken des (weiblichen) Kommunikationsstils
- Führungsmodelle und -techniken
- Situativer Führungsstil

- Zielorientierte Führung
- Richtig delegieren

Zielgruppe
Frauen in der Unternehmensführung, weibliche Fach- oder Führungskräfte und Mitarbeiterinnen, die in Zukunft Führungsverantwortung übernehmen wollen.

Ziel
Ausbau und Stärkung der Führungskompetenz, Zielorientierung und Entscheidungsfreude, mehr Selbstsicherheit durch Verbesserung der (weiblichen) kommunikativen Kompetenz und Wahrnehmung der eigenen Potenziale, mehr Gelassenheit im Umgang mit den Anforderungen der eigenen Führungsrolle.

MULTI- & INTERKULTURELLES TRAINING

China... Polen... Tschechien... Skandinavien... Thailand...
Sie werden mit Teams im multikulturellen Kontext arbeiten?

Die Stichwörter dazu sind: Globalisierung, interkulturelle Zusammenarbeit, international tätige Unternehmen, interkulturell orientierte Personalentwicklung, interkulturelle Kompetenz, die über Auslandsentsendungen oder multikulturelle Teams hinausgeht.
Der Faktor Kultur darf nicht hoch genug geschätzt werden und zählt zu den Ursachen mancher denkwürdiger wie merkwürdiger Probleme. Die Zusammenarbeit von Personen aus mehreren Kulturen, die unterschiedliche Lebensweisen, Lebensphilosophien, Grundsätze, Vorurteile, Sichtweisen und Arbeitsstile haben, erzeugt sowohl ein großes Konflikt- als auch ein großes Synergiepotenzial. Dieser Schatz der gegenseitigen Bereicherung muss jedoch immer erst geborgen werden, indem eine

entsprechende Firmen- und Kommunikationskultur etabliert und (vor-)gelebt wird.

Multi- wie interkulturelles Training erzielt die Akzeptanz und das Verstehen unterschiedlicher Sicht- und Denkweisen.

Die Fortbildung "Multikulturelles Training" vermittelt Ihnen Sprach-Kompetenz, multi- und interkulturelle Kompetenz, Kommunikationskompetenz

Inhalte
Multikulturelle Kompetenz
- Aufzeigen von Kulturunterschieden
- Aufklären über unterschiedliche Denk- und Handlungsstile
- Vermittlung von Informationen über die Zielkultur
- Aufklären und Verständnis der eigenen Kultur und Denkweisen
- Aufbau eines adäquaten und zielführenden Verhaltens in interkulturellen Situationen

Multikulturelle Kompetenz (China-spezifisch):
- Allgemeine Übersicht und Informationen über China
- Grundregeln der Kommunikation in China
- Aufbau und Pflege von Guanxi (Beziehungen)
- Tips und Hinweise für den Alltag
- Umgang mit Konflikten
- Businessetikette und Gepflogenheiten
- Verhandlungsmanagement

Sprachliche Kompetenz (China) (Voraussetzung: erfolgreich absolvierter Sprachkurs):
- Erlernen (überlebens)wichtiger Redewendungen
- Vermittlung der Basics der chinesischen Grammatik
- Erlernen der Umschrift in lateinischen Buchstaben (Hanyu Pinyin
- Vermittlung der Grundlagen der chinesischen Aussprache (inkl. der Töne)

Ein wenig Chinesisch sprechen zu lernen und sich in diesem so fremd erscheinenden Land zu verständigen ist viel leichter, als wir gemeinhin annehmen. Schon ein paar Sätze und Redewendungen wie „Vielen Dank" „Es freut mich sehr, Sie kennenzulernen" reichen als Eisbrecher aus und zaubern ein Lächeln auf die Gesichter der Chinesen. Dadurch verbessert man schnell und effektiv das in China so extrem wichtige persönliche Verhältnis, das die Grundlage erfolgreicher Geschäftsbeziehungen ist. In wenigen Tagen kann man die Grundlagen der (sehr einfachen) chinesischen Grammatik, der Aussprache und der in ganz China verwendeten lateinischen Umschrift erlernen. Damit und mit einigen wenigen aber wirkungsvollen Tricks kann man sich im Reich der Mitte deutlich besser zurechtfinden. Die Beherrschung dieser Basics führt zu mehr Sicherheit und Selbstbewusstsein im Umgang mit chinesischen Partnern und auf (Geschäfts-) Reisen.

MULTI- & INTERKULTURELLES COACHING

Das interkulturelle Lernen wird durch Coaching intensiviert. Im Fokus steht das "Eigenkulturelle Verhalten" zu erkennen und damit ist viel verlangt.

Interkulturelles Coaching führt zu wichtiger persönlicher Entwicklung, die Voraussetzung für die Bewältigung von Führungsaufgaben ist.

Interkulturelle Trainings sind und bleiben die unverzichtbaren Basics, eigenkulturelles Verhalten und Erleben bewusst zu machen und Sensibilität für kulturelle Unterschiede im Arbeitsleben zu schaffen.
Spezifische Entwicklungs-Bedürfnisse der Teilnehmer solcher Trainings müssen in individuellen Coachings berücksichtigt werden. Individuelle Lebensziele, individuelle Lernbedürfnisse,

Persönlichkeit, Vorerfahrungen und persönliche Karriereziele werden im professionellen, systemisch und psychologisch fundierten Coachings berücksichtigt.

Als unterstützende Ergänzung zu interkulturellen Trainings etabliert sich daher das systemisch- psychologische Coaching für den multi- und interkulturellen Aufgabenbereich.
Dieses bietet die Möglichkeit, individuell und natürlich lösungsorientiert an spezifischen Anliegen des Klienten zu arbeiten. Auch der Aspekt der Diskretion spielt im interkulturellen Coaching eine bedeutsame Rolle, da international tätige Manager ihre Erfahrungen mit einem kompetenten und neutralen Experten besprechen wollen und dabei auch schwierige Entscheidungen und Probleme thematisieren.

Inhalte
- Sprach-Kompetenz
- multikulturelle Kompetenz
- Psychologische Kompetenz und Menschenkenntnis
- Konfliktmanagementkompetenz
- Motivationskompetenz

AUSBILDUNG ZUM MULTIKULTURELLEN COACH

Die Fortbildung zum Multikulturellen Coach vermittelt Ihnen Sprach-Kompetenz, multikulturelle Kompetenz, Coaching-Kompetenz, Leadership-Kompetenz.

Die Fortbildung wird hinsichtlich der Coaching- und Leadership - Kompetenz auf Deutsch vermittelt.

Der Mehrwert unseres Angebots liegt in der Psychologie und Menschenkenntnis, die im Rahmen der Ausbildungen vermittelt werden.

Inhalte
- Kommunikation, Soziale Intelligenz und Überzeugungskompetenz
- Motivationskompetenz und Personalkompetenz
- Effektive Teamarbeit, Selbsterfahrung und Sozialkompetenz
- Psychologische und Emotionale Intelligenz und Menschenkenntnis
- Mediations- und Konfliktmanagementkompetenz
- Coaching, Selbstmanagement und Humankompetenz
- Führungskompetenz, Handlungskompetenz und Supervision
- Moderations-, Präsentations-, Methoden-und Medienkompetenz
- Gesundheits- und Fitnesskompetenz

INTERKULTURELLES COACHING FÜR AUSLÄNDISCHE MITARBEITERINNEN

VORBEREITUNG AUF DEUTSCHLAND

Wir machen ausländische Mitarbeiter in Deutschland-Coachings und -Trainings fit für eine reibungslose und effektive Zusammenarbeit mit deutschen Kollegen, Kunden und Geschäftspartnern.

Inhalte
- Denkweisen und Verhalten in Deutschland
- Interkulturelle Kommunikation

- Aufzeigen von Kulturunterschieden
- Grundlagen der Kommunikation
- Feedback nehmen und geben
- Dos and Don'ts
- Präsentationen und Meetings
- Verhandlungen
- Kundenbeziehungen
- Konfliktmanagement

COACHING FÜR AUSLANDSRÜCKKEHRER

Die Wiedereingliederung von Auslandsrückkehrern ist für viele Firmen und Organisationen ein Problem. Unternehmen verlieren viele ihrer Rückkehrer innerhalb der ersten zwei Jahre. Gründe sind oft Entfremdung, Stress, Burn-out oder unverarbeitete Erlebnisse. Der Re-Culture Shock trifft viele oft unvorbereitet. Die Auslandsrückkehr wird meist durch ein Gefühl der Entfremdung begleitet. Wir helfen Ihren Mitarbeitern, vergangene Erlebnisse zu reflektieren, wieder besser im deutschen (Berufs-) Umfeld anzukommen und sich darauf einzulassen, Energien freizusetzen, sie für kommende Aufgaben zu motivieren und Ihre zukünftige Situation zu planen.

COACHING

Coaching ist eine Unterstützung bei einem Entwicklungsprozess bei dem ein Individuum unterstützt wird, spezielle spezifische private oder berufliche Kompetenzen zu erreichen, um Resultate und Ziele zu generieren.
Es braucht die Fähigkeit, das Bewusstsein zu entwickeln und in ihm zu leben, um sich der Angst vor dem Unbekannten zu

stellen, wenn sich die Ziele verändert haben oder keinen Sinn mehr ergeben und wenn die uns treibenden Werte andere geworden sind.

In dieser Situation kann der Coach und Mentor das Erleben der neuen Lösung vereinfachen. Ein Manager stellt sicher, dass die Menschen das machen, von dem sie wissen, wie man es macht. Ein Trainer lehrt die Menschen, etwas zu machen, von dem sie nicht wissen, wie man es macht. Ein Mentor zeigt Menschen, wie sie etwas machen können, in dem sie wirklich gut sind. Ein Coach macht nichts von alldem, ein Coach macht etwas ganz anderes – ein Coach hilft den Menschen, ihre innewohnenden Fertigkeiten und Fähigkeiten zu identifizieren und befähigt die Menschen, diese im Rahmen ihrer Möglichkeiten auch zu gebrauchen, anzuwenden, zu verwenden.

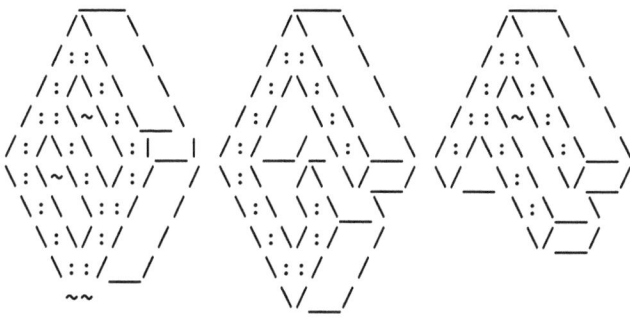

Teil 4 Betriebliches Gesundheitsförderungs-Programm - BGF

Editorial
Betriebliche Gesundheitsförderung (BGF) bezeichnet eine umfassende Handlungsstrategie auf den Ebenen Mensch – Organisation – Arbeit, die darauf abzielt, Gesundheitsressourcen im Unternehmen aufzubauen. In methodischer Hinsicht relevant ist hierbei die Anwendung wesentlicher Prinzipien der Gesundheitsförderung. Während Prävention auf die Vorbeugung oder Früherkennung von Krankheit abzielt und sich dabei z. B. für gesunde Ernährung, Früherkennung und ausreichende Bewegung ausspricht, ist der Ansatz der Gesundheitsförderung auf die Stärkung der Gesundheit der Menschen gerichtet.

Die zentrale Frage lautet: Was hält den Menschen gesund?

Es geht um die dynamischen Wechselwirkungen, die zur Entstehung und Erhaltung von Gesundheit führen. Gesundheit des Menschen ist laut Weltgesundheitsorganisation ein Zustand des vollständigen körperlichen, geistigen und sozialen

Wohlergehens und nicht nur das Fehlen von Krankheit oder Gebrechen.

"Health is a state of complete physical, mental and social well-being and not merely the absence of disease or infirmity."
WHO

FAMILIE UND BERUF & WORK-LIFE-BALANCE

Die betriebliche Gesundheitsförderung ist auch im Themenkreis der Vereinbarkeit von Privatleben, Familie und Beruf und Work-Life-Balance von wachsender Bedeutung. Unter der Vereinbarkeit von Familie und Beruf versteht man seit dem 20. Jahrhundert die Möglichkeit Erwachsener im arbeitsfähigen Alter, sich zugleich Beruf und Karriere einerseits und dem Leben in der Familie und der Betreuung von Kindern und pflegebedürftigen Personen andererseits zu widmen, unter Berücksichtigung der Schwierigkeiten, die dabei auftreten können. Sind auch Bereiche wie Freundschaften und Hobbys gemeint, wird auch etwas allgemeiner von Vereinbarkeit von Berufs-, Privat- und Familienleben gesprochen.

Der englischsprachige Begriff Work-Life-Balance bezeichnet ein anzustrebendes Gleichgewicht im Allgemeinen und wird vor allem in Bezug auf betriebliche Aspekte wie etwa familienfreundliche Arbeitszeiten sowie auf Möglichkeiten zur Verbesserung des individuellen Gleichgewichts verwendet; er bezeichnet ein anzustrebendes Gleichgewicht im Allgemeinen, auch für Singles.

Betriebliche Gesundheitsförderung (BGF) umfasst alle gemeinsamen Maßnahmen von Arbeitgebern, Arbeitnehmern und Gesellschaft zur Verbesserung von Gesundheit und Wohlbefinden am Arbeitsplatz. Dies kann durch eine Verknüpfung folgender Ansätze erreicht werden:

- Verbesserung der Arbeitsorganisation und der Arbeitsbedingungen
- Förderung einer aktiven Mitarbeiterbeteiligung
- persönlicher Kompetenzen

Grundlage für die aktuellen europaweiten Aktivitäten zur betrieblichen Gesundheitsförderung sind zwei Faktoren. Einerseits hat die EG-Rahmenrichtlinie Arbeitsschutz eine Neuorientierung des traditionellen Arbeitsschutzes in Gesetzgebung und Praxis eingeleitet. Zum anderen wächst die Bedeutung des Betriebs als Handlungsfeld der öffentlichen Gesundheitsvorsorge (Public Health).

METHODE BGF

Ein Beispiel ist das der klassischen Pathogenese vom Ansatz her entgegenstehende Salutogenese-Prinzip. Während die Pathogenese Erkrankungen vermeidet, geht die Salutogenese weiter und fördert die Gesundheit und das Wohlbefinden. Das schließt auch das psychische Wohlbefinden der Arbeitnehmer mit ein.

Aus der Luxemburger Deklaration gehen folgende Leitlinien zur Umsetzung Betrieblicher Gesundheitsförderung hervor:

1. Partizipation: Die gesamte Belegschaft muss einbezogen werden.
2. Integration: BGF muss bei allen wichtigen Entscheidungen und in allen Unternehmensbereichen berücksichtigt werden:
   1) Bedarfsanalyse
   2) Prioritätensetzung
   3) Planung
   4) Ausführung
   5) kontinuierliche Kontrolle
   6) Bewertung der Ergebnisse

3. Ganzheitlichkeit: BGF beinhaltet sowohl verhaltens- als auch verhältnisorientierte Maßnahmen. Sie verbindet den Ansatz der Risikoreduktion mit dem des Ausbaus von Schutzfaktoren und Gesundheitspotentialen.

Mit Hilfe dieses Ansatzes wird angestrebt, gesundheitsbezogene betriebliche Handlungsfelder herauszufiltern und zu analysieren (z.b. Gesundheitssituation im Betrieb/Krankenstände, Fluktuation, Fehlzeiten, Motivationsfragen, Betriebsklima), um auf dieser Basis unter entsprechender Partizipation der Mitarbeiter Gesundheitsressourcen im Unternehmen aufzubauen. Salutogen wirksame betriebliche Gesundheitsprojekte setzen methodisch den Schwerpunkt auf Maßnahmenpakete.

Diese „Pakete" streben ein entsprechendes Empowerment, also eine themenbezogene Kompetenzentwicklung seitens der Zielgruppe, an. Mit Empowerment bezeichnet man Strategien und Maßnahmen, die geeignet sind, den Grad an Autonomie und Selbstbestimmung im Leben von Menschen oder Gemeinschaften zu erhöhen und die es ihnen ermöglichen, ihre Interessen (wieder) eigenmächtig, selbstverantwortlich und selbstbestimmt zu vertreten und zu gestalten. Empowerment bezeichnet dabei sowohl den Prozess der Selbstbemächtigung als auch die professionelle Unterstützung der Menschen, ihr subjektives Gefühl der Macht- und Einflusslosigkeit (powerlessness) zu überwinden und ihre Gestaltungsspielräume und Ressourcen wahrzunehmen und zu nutzen.

ZIELRICHTUNG NUTZEN BGF

Der Return On Investment für Maßnahmen im Bereich der Betrieblichen Gesundheitsförderung wird in einschlägigen internationalen Studien (z.B. Bundesverband der deutschen Betriebskrankenkassen) mit dem Verhältnis 1:3 beziffert, was dieses Instrumentarium als ökonomisch hocheffektiv ausweist.

BETRIEBLICHES GESUNDHEITSFÖRDERUNGS-PROGRAMM - BGF

BETRIEBLICHES GESUNDHEITSMANAGEMENT

In den letzten Jahren rückte die betriebliche Gesundheitspolitik verstärkt in den Mittelpunkt der öffentlichen Diskussion und entwickelte sich rasant zu einer bedeutsamen Strategie der Unternehmensentwicklung. Betriebliches Gesundheitsmanagement (BGM) dient dem Ziel, die Beschäftigten als wichtigste Ressource für den Unternehmenserfolg gesund bzw. leistungsfähig zu erhalten. BGM stellt demnach ein wichtiges Fundament für die langfristige Rentabilität und Wettbewerbsfähigkeit von Unternehmen dar.

KURZFRISTIGE MAßNAHMEN BGF

1. TRAININGS BGF

THEMA 1 – TRAINING
PRÄVENTION BEANSPRUCHUNG & BELASTUNG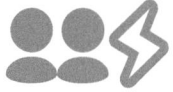

Coaching zur Prävention psychomentaler Beanspruchungen und Belastungen

Inhalte
- Was ist Stress?
- Was sind objektive und subjektive Stressoren allgemein (objektives und individuelles Stressempfinden)?
- Vermischung privater und beruflicher Stressoren / Belastungen?
- Was ist Innere Kündigung?
- Was ist Mobbing?
- Mobbing als Sonderfall psychomentaler Belastung
- Was ist Burnout?

- Burnout als Folge eines nicht vorhandenen ganzheitlichen persönlichen Stressmanagements
- Was ist Stressmanagement?
- Ziele eines gesunden Stressmanagements
- Konditionierung / Gegenkonditionierung
- Möglichkeiten eines privaten Stressmanagements (Was kann ich für mich tun?)
- Möglichkeiten eines betrieblichen Stressmanagements (Was kann der Betrieb für mich tun?)
- Richtig Pause machen

Ziel
Gesunder Umgang mit Stress, Verständnis der Wirkmechnanismen Innere Kündigung, Mobbing, Burnout, Boreout und Strategien für einen besseren Umgang mit psychomentalen Beanspruchungen und Belastungen.

THEMA 2 – TRAINING GESUNDE KOMMUNIKATION

Coaching zur ‚Gesunden Kommunikation' als Führungsinstrument und Vermeidung psychologischer Widerstände.

Inhalte
- Was ist Kommunikation?
- Ziele einer gesunden Kommunikation?
- Verbale und non-verbale Kommunikation (Man kann nicht nicht kommunizieren – Watzlawick)
- Rhetorik – Oder: Warum sage ich nicht, was ich weiss?
- Sender-Empfänger
- Eisbergtheorie
- Aspekte einer Aussage (4-Seiten-einer-Nachricht)
- Transaktionsanalyse
- Ich bin ok/Du bist ok
- Ich-verweigere-mich

- Die AANN-Methode
- Umgang mit Killerphrasen
- Todsünden der Kommunikation
- Störungen und Kommunikation
- Aktives Zuhören (Paraphrasieren/Verbalisieren)
- Feedback (Johari-Fenster)
- Fragen in der Kommunikation
- Die 10-Minuten-Diskussion
- Das persönliche Rollenverständnis
- Konditionierungen/Gegenkonditionierungen
- Stress/Teamkonflikte/Mobbing/Innere Kündigung/Burnout
- Wie führe ich ein Konfliktgespräch?

Ziel
Strategien für effektive und wertschätzende Kommunikation kennen und anwenden, Widerstände erkennen und auflösen.

THEMA 3 – TRAINING
GESUNDE MOTIVATION

Coaching ‚Gesunde Motivationsstrategien' für den Arbeits- und Gesundheitsschutz

Inhalte
- Was ist Motivation?
- Ziele einer gesunden Motivationsarbeit
- Innere und äußere Motivation
- Motivationsstörungen
- Konditionierungen / Gegenkonditionierungen
- Stress, Teamkonflikte, Mobbing, Innere Kündigung, Burnout
- Effektivität – eine Quelle der Motivation
- Mitarbeiter für sich und die Aufgaben gewinnen
- Die Strukturen einer motivierenden Arbeitsstruktur

- Andere motivieren - sich selbst motivieren - aber wie?
- Motivatoren
- Maslowsche Bedürfnispyramide

Ziel
Motivationsmechanismen verstehen, Widerstände der Motivation erkennen, Motivatoren erkennen, Förderliche Strukturen für motivierende Arbeit kennen und schaffen können.

THEMA 4 – TRAINING
GESUNDES LEBENSMANAGEMENT

Individualcoaching für ‚Gesundes Lebensmanagement'
(auch Zeit- und Selbstmanagement)

Inhalte
- Was ist Lebensmanagement?
- Ziele eines gesunden Lebensmanagements
- Lebensmauermodell
- Eisschollenmodell
- Eisbergmodell
- Transaktionsanalyse
- Pareto-Prinzip
- Entwicklungstheorien Sigmund Freuds (Warum sind wir, wie wir sind?)
- Konditionierungen / Gegenkonditionierungen
- Individuelle Coachingaufgaben

Ziel
Das eigene Leben und die zur Verfügung stehende Lebenszeit überschauen und im Sinne einer Work-Life-Balance planen – für mehr Zufriedenheit in Beruf und Privatleben.

THEMA 5 – TRAINING
GESUNDES KONFLIKTMANAGEMENT

Coaching für ‚Gesundes Konfliktmanagement'

Inhalte
- Was sind Konflikte (Definition und Ursachen)
- Ziele eines gesunden Konfliktmanagements
- Stress, Teamkonflikte, Mobbing, Innere Kündigung, Burnout
- Die Triade - oder: Konflikte sind unvermeidbar?
- Eisbergmodell
- Konflikttypen
- Konfliktformen
- Seelische Abwehrmechanismen
- Konditionierungen/Gegenkonditionierungen
- Konfliktlösungen
- Wie führe ich ein Konfliktgespräch?

Ziel
Konflikttypen und Konfliktformen erkennen, Gründe, Entstehung und Aufschaukelung von Konfliktsituationen erkennen, Strategien und Methoden zur Konfliktvermeidung und Konfliktlösung anwenden können.

THEMA 6 – TRAINING
GESUNDE FÜHRUNGSSTILE

Coaching für ‚Gesunde Führungsstile'

Inhalte
- Was ist Führung?
- Die ethische Grundlage jeglicher Führung – Das Gemeinschaftsgefühl
- Was ist Führungsstil?

- Zielsetzung von Führungsstilen
- Welche Führungsstile, wann?
- Gesunde Unternehmenskultur
- Leistungsorientiert und Mitarbeiterorientiert
- Führung „zu straff oder zu lax"?
- Was ist geeignetes Führungsverhalten?
- Anforderungen an eine Führungskraft
- Was ist Ziel der Führung (Zielsetzung / Zielvereinbarung)?
- SMART-Methode
- Stress, Teamkonflikte, Mobbing, Innere Kündigung, Burnout
- Konditionierungen / Gegenkonditionierungen
- Auf die Formulierung kommt es an (Kommunikation)
- Der Führende
- Drei Formen der Führungs-Autorität

Ziel
Die eigene Führungskompetenz erweitern, den eigenen Führungsstil und die eigene Rollendefinition erkennen und hinterfragen können, alternative Führungsstile kennen und situativ anwenden, Kommunikations- und Zielorientierungstechniken zur effektiven und wertschätzenden Führung kennen und anwenden.

2. AUSBILDUNG VON MITARBEITERN ZUM BUSINESS HEALTH COACH

Ausbildung zum Business Health Coach - als interner Dienstleister und Multiplikator für Gesundheit

Ausbildungsinhalte
- Ausgewählte Theorien über die Entstehung von Gesundheit
- Definition – Gesundheit
- Gesundheitstheorien

- Prävention und Gesundheitsförderung
- Psychologie und Gesundheit - Persönlichkeit und ihre psychischen Störungen
- Menschenkenntnis und Umgang mit Menschen
- Krisen im Umgang vermeiden
- Kommunikation und Gesundheit
- Zeit-Lebensmanagement
- Gesunde Ernährung am Arbeitsplatz für MA und Führungskräfte
- Stressmanagement
- Das Burnout - Syndrom und seine Folgen
- Vereinbarkeit von Beruf und Privatleben für Mitarbeiter jeder coleur
- Work - Life - Balance

Zielgruppe
Der Lehrgang richtet sich an Personen, welche innerhalb des Unternehmens zukünftig organisatorische Aufgaben im Bereich des Betrieblichen Gesundheitsmanagements (BGM) übernehmen bzw. ein BGM aufbauen möchten - also konkret: an Mitarbeiter aus Personalbereich, Betriebsrat, Arbeitsmedizinischem Dienst, an die Fachkraft für Arbeitssicherheit sowie an betriebsinterne Verantwortliche, die sich dieses Themas neu annehmen werden.

Ziele
Eine Weiterbildung zum Business Health Coach qualifiziert die Teilnehmer für alle organisatorischen und koordinativen Aufgabenfelder des Betrieblichen Gesundheitsmanagements, auch unter Berücksichtigung wirtschaftlicher Gesichtspunkte. Die künftigen Gesundheitsmanager sollen in ihrem KMU-Betrieb als kompetente Ansprechpartner, Verantwortliche zum Thema Gesundheit und Gesundheitsförderung eingesetzt werden. Der Lehrgang qualifiziert die Teilnehmer dahingehend, dass die Gesundheitsförderung bzw. der Gesundheits-

schutz im Unternehmen ganzheitlich erfasst, koordiniert und im Sinne eines betrieblichen Gesundheitsmanagement mit nachhaltigem ökonomischem Nutzen im Unternehmen eingeführt werden kann. Die Teilnehmer sollen erkennen, welche Maßnahmen es gibt, welche Maßnahmen wann sinnvoll sind, welche wirtschaftliche Folgen die Gesundheitsförderung hat, welche Personen und Institutionen eine Rolle spielen und wie die Gesundheitsförderung kostengünstig und effizient im Unternehmen eingeführt und umgesetzt werden kann.

Leserservice

Zu einzelnen Inhalten dieses Buches stehen Ihnen Checklisten, Kopiervorlagen, Lern- oder Arbeitshilfen als Download zur Verfügung. Diese Online-Ressourcen ergänzen Ihr Fachbuch und werden mit der Zeit erweitert.

 www.einstein360grad.com/literatur/bppk140626

Organisationen, die dieses Buch unterstützt haben

Einstein360Grad
Berufsbegleitende Fort- und Weiterbildungen und Coachings
www.einstein360grad.com

bilwissedition
Verlag für digitale Bilder & Medien
www.bilwissedition.com

LITERATUREMPFEHLUNGEN

Die FührkungsKraft als Coach: Die Quadratur des Kreises, Dr. Erik Müller Schoppen, ISBN: 978-3735736475

Bewusst Sein: Von der Intelligenz des Herzens, Dr. Erik Müller Schoppen, ISBN: 978-3844819878

Management-Wissen - kompakt, Dr. Erik Müller Schoppen und Beate Kesper, ISBN: 978-3837025576

Du kannst nur mit dem Herzen führen: Psychologische Führungsfibel, Dr. Erik Müller-Schoppen, ISBN: 978-3833499463

Zum Glück: 99 Fragen und Antworten zum Lebens-Thema "Wie werde ich glücklich?" "Mut um glücklich zu sein", Dr. Erik Müller-Schoppen und Jürgen Brocke, ISBN: 978-3833452727

Kommunikation und Beratungskompetenz für Heilpraktiker, Thomas Schnura und Dr. Erik Müller Schoppen, ISBN: 978-3830491576

MANAGEMENT-Wissen, Dr. Erik Müller-Schoppen, Stefanie Ohnrich, Kerstin Fuchs, Klaus Kuhn und Josef Schulte, ISBN: 978-3833498541

Bufdi werden – Bufdi sein: Fibel zum Bundesfreiwilligendienst, Dr. Erik Müller-Schoppen, Anja Eberl und Beate Kesper, ISBN: 978-3842373228

ÜBER DIE AUTOREN

Dr. Erik Mueller-Schoppen, Jahrgang 1949, studierte Psychologie, Pädagogik, Geographie, Theologie in Köln und Bonn. Er promovierte zum Thema Erziehungswissenschaften und Psychoanalyse. Darüber hinaus absolvierte er eine zusätzliche Ausbildung in Gesprächspsychotherapie und Hypnose. Seit 1969 entwickelt Dr. Erik Müller-Schoppen Lerntechniken auf der Basis der Montessori-Pädagogik. Seit 1978 führt Dr. Müller-Schoppen eine psychologische Beratungspraxis bei Bonn. Viele Jahre war er Studienleiter der Düsseldorfer Paracelsus Schule und ist seit langem Dozent für Psychotherapie und Managementtraining. Er führt seit Jahren erfolgreich im gesamten deutschsprachigen Raum Gastdozenturen durch, sowie in den Niederlanden und den USA. Viele renommierte Managementtrainer beziehen sich auf seine Ausbildung. Heute arbeitet Dr. Erik Müller-Schoppen als freier Trainer, Individualcoach und Autor, hält Vorträge und leitet Seminare und Fachausbildungen. Der Querdenker gehört zu den Erfindern des Infotainments. 2004 gründete er die gemeinnützige Stiftung EBWK Erziehung, Bildung, Wissenschaft und Kultur, die z.B. auch das Pisa-Projekt "ganzheitliches Lernen" fördert. Seit Mai 2007 hat er einen Lehrauftrag an der Fachhochschule Salzburg. Er ist Mitgründer und Vorstand von Einstein360Grad.

Babette Reek, Jahrgang 1967, ist Diplom Psychologin, Diplom Designerin und Unternehmerin mit über 10 Jahren Erfahrung in freiberuflicher und unternehmerischer Tätigkeit. Die Schwerpunkte ihrer Arbeit liegen in der Arbeits- Betriebs- und Organisationspsychologie und der Pädagogischen Psychologie. Mehrere Jahre arbeitete sie in der angewandten Medienforschung für die Automobilindustrie sowie im Bereich der Diagnostik und Intervention von verhaltensauffälligen Kindern und Jugendlichen für einen öffentlichen Träger. Heute arbeitet sie als Psychologin, freie Trainerin und Individualcoach und leitet Seminare und Fachausbildungen im Bereich der Erwachsenenbildung. Sie ist Gründerin von bilwissedition.com und INA-PS, Mitgründerin und Vorstand von Einstein360Grad.